Apuntes de teatro italiano

En la edición de este volumen han colaborado el Instituto del Teatro de Madrid (ITEM) y el Departamento de Estudios Románicos, Franceses, Italianos y Traducción de la Universidad Complutense de Madrid.

1ª edición, 2025

© Elisa Martínez Garrido

© Guillermo Escolar Editor S.L.
Avda. Ntra. Sra. de Fátima 38, 5ºB
28047 Madrid
info@guillermoescolareditor.com
www.guillermoescolareditor.com

Diseño de cubierta: Javier Suárez
Maquetación: Equipo de Guillermo Escolar Editor

ISBN: 978-84-19782-86-1
Depósito legal: M-935-2025

Impreso en España / Printed in Spain

Elisa Martínez Garrido

Apuntes de teatro italiano

**Guillermo
Escolar**
E D I T O R
Análisis y crítica

Introducción

El origen de estos apuntes es múltiple. El más remoto se encuentra en la asignatura opcional del Grado en Lenguas Modernas y sus Literaturas, *Arte, música, teatro y cine en Italia,* impartida hace ya bastantes años. En aquella ocasión, en el curso 2010-2011, decidí optar, principalmente, por el estudio literario de algunos de los autores más representativos del panorama dramático de Italia. Algún tiempo después, gracias a la generosidad de algunos colegas de la Facultad, logré tener acceso al Máster de Estudios Teatrales y Artes Escénicas de la Facultad de Filología de la UCM, y tras impartir dos créditos dedicados a Luigi Pirandello, dentro de la asignatura *Tendencias escénicas de la modernidad,* junto con Lourdes Carriedo y Arno Gimber, pasé a formar parte del ITEM, dirigido por Julio Vélez.

A partir de este momento, la presencia del teatro italiano dentro del Máster ha sido cada vez mayor, así como el interés de los estudiantes por una realidad escénica tan cercana a la nuestra y a la vez tan marcadamente diferente. En el segundo semestre del curso 2019-2020, compartí con Javier Huerta la asignatura *El personaje dramático.* El curso se inició a finales de febrero de 2020 y, a las pocas semanas, la pandemia nos obligó a abandonar las aulas y a iniciar una nueva vida lectiva en forma telemática. En aquellos meses, decidí empezar a escribir las clases para mis estudiantes, y de ahí, del encierro y de las dificultades lectivas, debidas a los días difíciles del confinamiento, surge la primera versión de estos apuntes.

En aquellos meses oscuros, me concentré en Carlo Goldoni (*Arlequín, servidor de dos patronos* y *La posadera*), en Luigi Pirandello (*Seis personajes en busca de autor* y *Enrique IV*) y en Eduardo De Filippo (*Navidad en casa Cupiello* y *Con derecho a fantasma*). Y teniendo ya en la mano el material escrito sobre tres grandes autores italianos contemporáneos, pasé, en el curso 20-21, a culminar la tarea y a dedicar otros capítulos a los hitos teatrales de Italia. Tras afrontar al gigante humano y dramático de Eduardo, pensé rápidamente en Dario Fo, el actor, director y autor que, durante mi juventud, me había interesado de una manera particular; Premio Nobel en

1997, a pesar de los pesares. Con el análisis de *Misterio bufo* y de *Muerte accidental de un anarquista* se cerró aquel curso[1].

En el 2021, la contemporaneidad parecía estar cubierta en los apuntes, pero las grandes tradiciones escénicas de la Italia del Renacimiento y del Manierismo-Barroco quedaban ausentes. Refresqué mis conocimientos teatrales, obtenidos durante mi estancia en la Universidad de Padua, sobre todo los adquiridos en las clases de Gianfranco Folena y Daniela Goldin. Ellos me ayudaron a volver los ojos sobre la gran tradición cómica italiana de los siglos XVI y XVII. Consulté además los programas de varios colegas de diferentes universidades italianas, dedicados al teatro. Como no podía ser de otra manera *La mandrágora* de Nicolás Maquiavelo y la *commedia dell'arte* tenían, indudablemente, que formar parte de mi libro. Debo aclarar que he obviado las comedias de Ruzante por razones de tiempo, en primer lugar, y porque, aun contando con las traducciones de algunas de sus obras, realizadas por Juan Antonio Hormigón[2], la dificultad filológica de sus textos plantea aún bastantes problemas.

Estamos, por tanto, ante unos breves apuntes de teatro italiano que recogen únicamente sus cimas dramáticas, las más conocidas fuera de Italia. Se trata sin duda de una iniciación al mundo escénico de la península italiana. Este es, como bien sabemos, amplio y variadísimo, porque hablar de Italia es en gran medida hablar de teatro y de teatralidad.

Desde las sagradas representaciones medievales, los dramas litúrgicos y los misterios, cuyo centro es la Iglesia, hasta las manifestaciones populares en las plazas, ya en el apogeo urbano y mercantil de los *Comuni* (siempre en relación a la fiesta y de manera especial al Carnaval), donde la importancia de los juglares en todas sus categorías: *hystriones, saltatores, mimi, joculatores* se muestra determinante, pasando por las actuaciones cortesanas de las *Signorie* y de los *Principati*, momento de la eclosión del teatro italiano culto, heredero del latino, en pleno Renacimiento, cuando las cortes dedican su representación y su *divertimento* a la tragedia y al *dramma pastorale*,

---

[1] Soy consciente de que dramaturgos del peso de Pier Paolo Pasolini, Giovanni Testori, Carmelo Bene, englobados en el amplio sentido de la autoría dramática, de Mario Paolini, Ascanio Celestini, Paolo Puppa o la misma Emma Dante merecerían formar parte de un estudio más amplio dedicado al teatro italiano más actual, pero de haberlos incluido, estos no serían unos apuntes, sino un curso extenso y amplio en toda regla. Por otra parte, con su teatro nos alejaríamos de la comedia y de la risa.

[2] Beolco, A. «Ruzante», 1991: *Comedias*, J. A. Hormigón (ed.), Madrid, Publicaciones de la Asociación de Directores de Escena de España.

pero sobre todo a la comedia (centro dramático de los grandes autores del siglo XVI), todo en Italia nos habla del peso determinante del teatro, en su vida y en su cultura.

Por otra parte, en el contexto sociocultural tardorenacentista, nace el *intermezzo*, un suntuoso entretenimiento musical consistente en la unión de canto, danza y efectos escénicos, insertados entre los distintos actos de una obra, comedia principalmente. Este, en unión con los madrigales, está estrechamente ligado a la ópera, cuyo máximo representante, en sus inicios, a comienzos del siglo XVII, es Claudio Monteverdi. Y, como es bien sabido, Italia está estrechamente ligada a la ópera y, en el mundo entero, hablar de 'italianidad' significa hablar de melodrama lírico, de *opera buffa*, de música, de canto y de teatro. Por tanto, acercar a los estudiantes del Grado y del Máster de la Facultad de Filología a la escena italiana es llevarlos al corazón y al centro antropológico de Italia.

Obviamente, en estos apuntes ha sido imposible tratar toda su variedad de géneros y formas escénicas. Pensados para una asignatura trimestral, han debido, forzosamente, centrarse en los autores y en las obras cumbre del ámbito teatral italiano, con la finalidad de ir despertando entre el alumnado, progresivamente, el interés por este universo central en la concepción artística y antropológica de Italia y a su vez de todo Occidente. Por eso, a excepción del estudio del drama de Luigi Pirandello *Seis personajes en busca de autor* y de su 'tragedia grotesca' *Enrique IV*, todos los textos y los autores tratados aquí corresponden fundamentalmente al ámbito de la comedia, vista en su clara duplicidad genérica y en su mestizaje humorístico y satírico. Por tal motivo se ha prestado una especial atención a la comedia maquiaveliana, a la *commedia dell'arte*, a la goldoniana y a las formas de mestizaje tragicómico y satírico de la contemporaneidad: Pirandello, De Filippo y Fo, en detrimento de los representantes más excelsos de la tragedia.

La tragedia, desde el siglo XVI, como no podía ser de otra manera, ha dejado una huella importante en el panorama escénico italiano. Cuenta con autores de la talla de Giangiorgio Trissino, Giraldi Cinzio, Torquato Tasso, sin olvidar indudablemente la pasión trágica de Vittorio Alfieri, Ugo Foscolo o Alessandro Manzoni, a partir de finales del *Settecento* (en este último caso se trata de dramas históricos y morales, ya al servicio del sentimiento nacional-católico del *Risorgimento*), hasta llegar al teatro trágico de Gabriele D'Annunzio, en la primera parte del *Novecento*. Pero a pesar del peso de la tragedia, pocas veces se representan en la actualidad los textos trágicos de dichos autores. La comedia italiana, clásica o contemporánea, sin embargo, sigue aún en pie, viva. Por este motivo los apuntes han dado preferencia a las manifestaciones italianas de lo cómico. Se ha optado, pues, por favorecer la visión cómica, tragicómica y satírica, porque la c/*Commedia* constituye, indudablemente, una categoría italiana.

A partir del *Cinquecento*, la comedia, siguiendo los tratados clásicos dedicados al arte de la risa, se configura, pues, en el espejo de la vida privada, y esta a su vez en el de la pública. La comedia usa, por consiguiente, situaciones escénicas capaces de estimularla, porque, a través de esta, se obtiene placer, pero se logra también obtener un mensaje crítico, de utilidad social y moral, en ocasiones realista o trasversalmente realista, escondido bajo la misma comicidad, siempre compleja y doliente. Por otra parte, las formas de lo cómico han constituido el centro de la producción dramática italiana, en conjunción con la cuentística medieval (*bocacciana* fundamentalmente) y renacentista (piénsese en Bandello), en la que se ha inspirado gran parte del teatro europeo: Lope de Vega, Cervantes, Shakespeare o Molière.

La gran línea cómica italiana, partiendo de Aristófanes, Plauto y Terencio, llega hasta Ariosto, Bibbiena, Maquiavelo y Ruzante, y continúa viva en la *commedia dell'arte* y en la comicidad teatral del siglo XX, en autores como Luigi Pirandello (rehecha ahora a la luz de la problemática filosófica del relativismo contemporáneo), Eduardo De Filippo o Dario Fo. Hay que resaltar además que la producción cinematográfica de la contemporaneidad en Italia, con su marcado sentir tragicómico y carnavalesco, es heredera directa de esa línea poderosa de representación, en la que la risa y el llanto, lo jocoso y lo doliente, siguiendo las reflexiones pirandellianas sobre el humorismo, muestran una realidad existencial e histórica controvertida; una realidad enraizada, probablemente, en el alma antropológica de los italianos: una diversión aparentemente alegre que muestra, transversal e indirectamente, los aspectos más trágicos del devenir humano, partiendo de una alternancia entre el escepticismo y la más candorosa confianza, entre la adhesión patética al hecho de vivir y la crítica y el distanciamiento cómico del mundo.

La fuerza de la comedia erudita italiana, como ya se ha dicho, toma impulso en el Renacimiento, y la importancia de Ariosto, de Dovizi di Bibbiena, de Maquiavelo, del escandaloso Aretino o del *divertimento* erótico de *La Venexiana* nos hablan de una línea cómica, alegre, erótica, pero profunda, agridulce, crítica y satírica a la vez, de la que no queda excluido, por supuesto, el legado de las tradiciones populares. De hecho, el mismo Ruzante (Angelo Beolco), maestro de los cómicos del arte, bebe de la tradición cómica culta grecolatina y también de la renacentista, pero anclándolas en las formas tragicómicas populares, abre una de las expresiones escénicas más duras y realistas con respecto al poder y a la corrupción social de su tiempo.

De esta corriente, que toma fuerza con Ruzante y con la *commedia dell'arte*, se nutre, como bien se sabe, el teatro italiano del siglo xx, y lo tragicómico y lo satírico, camuflados bajo la aparente máscara arquetípica ancestral, han hecho reír a miles de italianos y de no italianos, en la *performance* mímica de los grandes actores-autores del *Novecento*, quienes supieron dar vida a la fuerza humana y a la crítica social de sus puestas en escena, desde la esencia misma de lo cómico; es decir, a partir de la superación del valor racional de la palabra misma para lograr concentrase en el gesto, en la comunicación paraverbal del cuerpo, en el mimo, en la controvertida y siempre polisémica fuerza de la expresividad. Piénsese en De Filippo, en Totò, en Alberto Sordi, en Ugo Tognazzi, en Fo, en Roberto Benigni, en Nani Moretti o en Massimo Troisi…

La huella del humorismo pirandelliano, sutilmente esbozada ya en *La mandrágora* o, de forma velada, en las mismas manifestaciones populares de los cómicos del arte, continúa sin lugar a duda viva en la producción fílmica de Mario Monicelli, Vittorio De Sica, Luigi Zampa, Dino Risi, incluso del mismo Fellini…entre otros. Porque como bien sabemos desde los clásicos, lo cómico es la otra cara de lo trágico. Por ese motivo, la gran línea de la comedia italiana nos ha hecho reír con personajes que han sabido mofarse de las grandes y pequeñas desgracias del vivir.

La comedia italiana en el teatro o en el cine (*commedia all'italiana*) constituye, pues, un género que ha atravesado el tiempo y el espacio, pasando desde las formas escénicas, populares y cultas del pasado dramático hasta eclosionar en el cine de la postguerra, con el *boom* económico de los años sesenta. En cuanto que termómetro de la 'italianidad', la comedia a la italiana, heredera en gran parte de la fusión humorística contradictoria, ha sabido tocar temáticas psicológicas y antropológicas marcadas por el equívoco, por la ambigüedad, por los enmascaramientos bufonescos y paródicos, por lo aparentemente absurdo y sin sentido. Y lo ha hecho siempre con resultados muy cercanos a la amargura de la sátira social.

La carcajada y la risa han sido para los italianos, pues, la mejor respuesta a la injusticia, a la pobreza moral y social, a la hipocresía, a las desgracias de la vida cotidiana. Estas, desde su misma contradicción agridulce, han sido anatemizadas a través de la burla y de la ironía. Por tanto, la comedia italiana y a la italiana ha aportado al público un arma de defensa contra el mal de vivir, desde el distanciamiento crítico, sin respuesta consoladora inminente, pero con la aceptación estoica de la realidad misma. Y en este proceso de aceptación tragicómica de la existencia, la gestualidad de los grandes actores italianos ha sabido transmitir a los espectadores la esencia misma de lo cómico, enraizada en la dureza humilde de la tragedia cotidiana de los ciudadanos de a pie. Los grandes actores de la Italia del *Novecento* han sido, pues, para usar el famoso sintagma pirandelliano, 'máscaras desnudas' que, siguiendo el legado de los grandes cómicos populares de la tradición pasada, han sabido defender y divertir a su público en el viaje tragicómico y original de la vida.

Espero que estos apuntes den paso a un mayor número de admiradores y, por qué no, de amantes del teatro italiano, de Italia y de sus manifestaciones artísticas, lingüísticas y literarias.

Madrid, 15 de junio 2023.

La mandrágora de Nicolás Maquiavelo: una comedia clave del Renacimiento italiano

1. La audacia de *La mandrágora*

Con *La mandragola* o, en español, *La mandrágora*[1] (1518[2]), nos encontramos ante una de las comedias italianas más audaces del Renacimiento, es también la más moderna y una de las más conocidas. Se debe recordar que su autor, Nicolás Maquiavelo (1469-1527), es el fundador del pensamiento político moderno, hecho que queda también reflejado en su obra, aunque sea de forma indirecta.

La pieza se construye a partir de la observación realista, descreída y doliente de la sociedad florentina del momento y de su comportamiento cínico, pragmático y oportunista; a pesar de todo, el único admisible. En este, cobra un protagonismo absoluto el éxito de la astucia y de la agudeza humana, la conducta que triunfa en primer lugar en la coyuntura antropológica e histórica florentina de aquellos años. En una primea lectura, el triunfo de la astucia y del pragmatismo se revela como el punto central del texto dramático; el engaño y la farsa[3] determinan la alta dimensión

---

[1] La mandrágora (*Mandragora autumnalis*) es una planta de la especie de las fanerógamas, pertenecientes a la familia de las solanáceas, usada en Europa, medicinalmente. La mandrágora es una planta altamente tóxica que puede provocar la muerte de aquel que la ingiera. Probablemente sea la planta 'mágica' más famosa en Europa, tanto por sus propiedades medicinales y psicoactivas, como por los mitos y leyendas que se le han asociado a lo largo de los siglos. Conocida desde la antigüedad, sus propiedades curativas fueron ya mencionadas en los papiros de Eber (1500 a.C.). Aunque inicialmente se utilizó como amuleto para dar buena suerte, como afrodisíaco y para tratar la infertilidad, su uso más relevante, a partir del siglo I, fue como sedante y anestésico en procedimientos quirúrgicos.
[2] Aunque hasta ahora se había pensado que 1518 era la fecha de composición de la famosa comedia de Maquiavelo, más recientemente, según la crítica se considera que su redacción habría que situarla entre 1513 y 1514, pero en cualquier caso es posterior a la representación de *La Calandria* de Bernardo Dovizi, fechada en 1513.
[3] Recuérdese que para llevar a cabo el supuesto engaño todos se disfrazan de otros. En este sentido, la teatralización del vivir se muestra evidente.

cómica de la obra, estructurada a través del claro *crescendo* de los diversos enredos, divertidos y paradójicos, siempre presentes en la situación de burla dominante en la comedia. La pieza de Maquiavelo funde, por tanto, los modelos de la tradición cómica latina, presentes en la cultura humanista del siglo XVI florentino, al que pertenecía su autor, con la línea narrativa *boccaccesca*. Sin embargo, tras una lectura más atenta, la complejidad de su resolución dramática, la ambigüedad y la doblez del comportamiento de todos sus personajes nos enfrentan a un realismo escéptico, descreído y, a pesar de todo, tolerante con respecto a la acción humana. La obra se abre así paso a la necesidad de llegar a pactos con el mundo y con sus leyes.

Como es sabido, *La mandrágora* no podría haber existido sin las precedentes comedias italianas del Renacimiento, entre las que sobresalen *La Cassaria* (*El baúl*) (1508) y *I Suppositi* (*Los supuestos*) (1509) de Ludovico Ariosto y sobre todo *La Calandria* (1513) de Bernardo Dovizi, más conocido como Bibbiena. Estas comedias representan claros maridajes del teatro plautino con la comicidad de la narrativa de Boccaccio. Se debe recordar también que la comedia renacentista nació en las Cortes de Ferrara, Mantua y Urbino. Pero, debido a la gran vitalidad de las formas teatrales de la Florencia del siglo XVI, donde la teatralidad formaba parte del quehacer público ciudadano, la capital toscana, aun no siendo el centro absoluto de la vanguardia escénica del *Cinquecento*, con la comedia de Maquiavelo se coloca a la altura dramática del resto de las Cortes italianas de la época.

Es indudable que el autor florentino se inspira en la obra de Bibbiena y que la composición de *La mandrágora* es sin duda posterior a 1513, año de la primera representación de la comedia de Bernardo Dovizi en Urbino, tal y como queda reflejado en la correspondencia entre Maquiavelo y su amigo Francesco Vettori (embajador florentino en Roma). No hay que olvidar además que 1513 es un año clave en la vida del escritor. A partir de 1512, tras la caída de la República de Florencia y el regreso de los Medici a la capital toscana, su autor sufre la cárcel y la tortura y pierde su posición política en la Cancillería, iniciando su exilio en Percussina, en Santa Andrea, localidad rural cercana a Florencia. Aunque durante el día Maquiavelo trabajaba en las tareas agrícolas, al caer el sol se dedicaba a leer a los clásicos y a escribir. Son los años más fructíferos de su producción. En este periodo compone *El Príncipe, Discursos de la primera década de Tito Livio, Discurso sobre el Arte de la Guerra* y su comedia *La mandrágora*. Pese a ser momentos de gran penuria, en ellos el autor logró su mayor rendimiento creativo e intelectual.

2. El argumento de *La mandrágora*

Volviendo al epistolario entre Nicolás Maquiavelo y Francesco Vettori son significativas las cartas del 9, 14 y 18 de enero de 1514, en las que el amigo cuenta a Maquiavelo que se ha enamorado de una bellísima vecina de Roma y que ha podido gozar de cerca de los encantos de la mujer deseada, gracias a la ayuda de la madre. Confesión que muestra la estrecha parentela con el argumento de la comedia.

El argumento de *La mandrágora* es muy conocido. En Florencia, un matrimonio muy próspero y rico no logra tener hijos, a pesar de su gran deseo de descendencia. La esposa, joven, bellísima y muy honesta, es Lucrecia; su marido, rico abogado, pretencioso, engreído, pero ingenuo y tonto a la vez es Nicia Calfucci. A su vez, en París vive un florentino, Calímaco Guadagni. Este, desde la capital francesa, ha oído hablar de la extraordinaria belleza y virtud de Lucrecia (le sucede lo mismo que a Sexto Tarquinio cuando oye hablar de los encantos de la Lucrecia romana, según las crónicas de Tito Livio, o al personaje de Ludovico del cuento VII 7 del *Decameron*, con respecto a las alabanzas de la belleza de la boloñesa madama Beatrice) y decide regresar a la capital toscana con su criado Siro, con el objetivo de conquistarla.

Pero Lucrecia es muy virtuosa y la empresa presenta grandes dificultades. Para vencerlas, Calímaco recurre a la ayuda de Ligurio, un astuto alcahuete. Este se sirve de una inteligentísima estratagema. Calímaco fingirá ser un famoso médico llegado de Francia, con un método infalible para lograr el embarazo de las mujeres sin hijos, darles a beber una pócima hecha de zumo de mandrágora. Pero tal y como cuentan Ligurio y Calímaco al marido de Lucrecia, la planta es venenosa y el primer hombre que mantenga relaciones sexuales con la mujer que la haya tomado, morirá. Nicia cree o quiere creer en las palabras del médico y está dispuesto a que su mujer se encuentre con otro hombre, antes de perder él la vida, con el objetivo de tener un heredero. Calímaco secunda el plan de Ligurio y sugiere al viejo esposo capturar al primer joven que pase por la calle y obligarlo a mantener relaciones sexuales con su mujer. Obviamente, tras muchos engaños y *travestimenti*[4] el joven capturado será el protagonista, el primer vencedor de la obra, junto con Lucrecia.

---

[4] El uso de los *travestimenti* está presente en Plauto y más concretamente en su comedia *Los gemelos*. Este llega a su clímax en *La Calandria* de Bibbiena, comedia en la que el intercambio de vestimenta entre los dos gemelos, Lidio y Santilla, su hermana, lleva a algunos personajes a hablar de hermafroditismo, dentro de la comedia.

Aunque Nicia, a pesar de sus primeras reservas, se muestra de acuerdo con el plan, duda de que su esposa pueda aceptar una situación tan comprometedora. En ese momento la estrategia de Ligurio se muestra infalible, primero se deberá convencer al confesor de la mujer, Fray Timoteo, quien será recompensado económicamente, con creces, por parte de Calímaco. Aquí la crítica al clero y a sus ansias de riqueza alcanza su punto más álgido. En el plan colaborará la madre de la protagonista, Sóstrata, mujer de vida licenciosa en su juventud y deseosa de tener nietos como forma de asegurar al cien por cien su posición y la de su hija, dentro de la familia Calfucci.

La burla engañosa, como era de esperar, llega a buen puerto y el amante travestido de joven pobretón y vagabundo será llevado por el propio Nicia hasta el lecho de su mujer. Si bien es cierto que al principio el encuentro sexual entre Calímaco y Lucrecia podría verse como un acto de violencia contra esta, en realidad no es así. El protagonista, tras confesarle su profundo amor, logrará con éxito su objetivo. La joven esposa de Nicia claudicará ante la pasión, la juventud y la belleza de Calímaco, y decidirá tomarlo por amante no solo esa noche, sino para siempre.

La trama de *La mandrágora* es anómala en relación a las comedias del primer *Cinquecento*. La historia está marcada directamente por la influencia de la cuentística medieval, pero sin duda la huella de la comedia latina es también evidente. Plauto y Terencio dejan ver aquí claramente sus huellas, pero a través de Boccaccio. Siguiendo los esquemas dramáticos de las tramas plautinas o terencianas, nos encontramos con un desarrollo dramático-narrativo prácticamente idéntico: un joven enamorado (Calímaco) disputa a un viejo (Nicia) una mujer, joven y bella (Lucrecia) y, gracias a los enredos de un criado astuto (Ligurio), logra comprar a quien tiene poder directo sobre ella (Fray Timoteo). A pesar de la reducción de la trama a esquemas dramáticos fijos, la originalidad creadora de Maquiavelo hará de su comedia un texto prácticamente irreconocible, porque su refinado realismo científico del alma humana y su incisiva crítica antropológica y social constituyen la novedad innegable de la misma. Estamos, por tanto, ante la fusión de la tradición cómica latina con la observación, típica del realismo de la cuentística medieval italiana del *Duecento* (*Il Novellino*) y sobre todo del *Trecento* (*Decameron*), reelaboradas a partir de la finura científica y pesimista de Nicolás Maquiavelo. Los nombres de los personajes de la obra son ya una muestra de la fusión de la comedia latina y de la tradición burlesca italiana, claramente inspirada en su cuentística medieval.

3. La importancia de los nombres de los personajes de *La mandrágora* y la huella de la comedia latina

Los nombres de los personajes secundarios de la obra, Siro e Sóstrata, el criado de Calímaco y la madre de la protagonista, constituyen un claro homenaje a Terencio. Sóstrata es el nombre de la madre de la familia de *El verdugo de sí mismo*, de *La suegra* y de *Los hermanos*, todos ellos personajes de las comedias terencianas. Siro es asimismo el nombre del criado del *Verdugo de sí mismo* y de *Los hermanos*. Con Calímaco Guadagni y Nicia Calfucci nos encontramos ante unos nombres claramente griegos, pero con apellidos florentinos. Calímaco es, siguiendo la etimología griega, el hermoso guerrero, valiente y victorioso[5], y así lo será sobre todo en relación con Lucrecia. También el nombre de Nicia contiene la *nike*, la victoria, ya que el marido obtendrá, a pesar de todo, a su ansiado heredero. En ambos casos la onomástica de los personajes, del joven y del viejo, anuncia ya, siguiendo el modelo plautino, la acción deseante de ambos protagonistas.

En la misma línea, el nombre del fraile, confesor de Lucrecia, Timoteo, según la etimología griega[6], es el que honra a Dios, en este caso al dinero, su verdadero dueño y señor. Y lo mismo podemos decir del nombre de Ligurio, del latín *ligurrire*, el que prueba todo para aprovecharse de todo. Aunque el personaje astuto es claramente de invención maquiaveliana, reproduce parcialmente el modelo del parásito de la comedia latina, tal y como lo declara el personaje al comienzo de la obra, en la escena tercera del segundo acto.

Y como ya se ha indicado antes, el nombre de Lucrecia es de origen latino, derivado de *Lucianus*, proveniente a su vez del verbo *lucror*, en el sentido de ganar. El significado, por extensión, de este nombre es 'la ganadora'. La protagonista de *La mandrágora* lleva un nombre muy florentino, el que, si por una parte nos remite al personaje romano citado por Tito Livio, por otra, según algunos críticos, hace referencia a la propia vida del autor toscano. Este era el nombre de la prostituta-amante del propio Maquiavelo, hecho que refuerza la visión paródica de la comedia y su tensión autobiográfica (Bausi, 2018: 106).

---

[5] El nombre deriva del griego antiguo Καλλίμαχος (Kallimachos), compuesto por καλός (kalos), hermoso, y bueno, presente también en Calíope, Calimero o Calógero, y de μάχομαι (makomai), con el significado de luchar, presente en nombres clásicos como Telémaco, Lisímaco, Andrómaco.

[6] Timoteo proviene del nombre griego Τιμόθεος (timáo-theós), su significado es aquel que siente amor o adoración a Dios.

El tributo de Maquiavelo a la comedia latina se evidencia, por tanto, en los nombres de los protagonistas, aunque su mayor dependencia reside en la elección del modelo estructural que organiza toda la trama. *La mandrágora*, desde la disposición de su temática en cuatro partes, presentadas en cinco actos, cada uno de ellos precedidos de sus respectivas canciones, hasta la utilización de la dialéctica opositiva entre obstáculo-prueba y superación, y también por su desenlace, sigue el modelo latino, pero introduce contemporáneamente la complejidad ambivalente del humor moderno y contemporáneo, preludiando ya incluso el desdoblamiento de la concepción pirandelliana del humorismo (Lacertosa, 2007: XXIV-XXVI).

4. El realismo incisivo y descreído de *La mandrágora*

El realismo de Maquiavelo es aún mayor que el de Terencio, todo en *La mandrágora* es realista y absolutamente verosímil. Cada mínimo detalle con respecto al desarrollo de las distintas fases de la acción, según las distintas horas del día en las que transcurre la trama, tiene lugar dentro de un marco dramático realista. En la comedia no sobresalen momentos de lucimiento por parte de ninguno de los personajes-actores, ninguno destaca con relación al resto, tal y como sucederá con la *commedia dell'arte*, a excepción del parlamento de Nicia, en la escena novena del acto IV.

En *La mandrágora* no interviene directamente el azar, toda la burla está basada en la acción y en la iniciativa de Ligurio, quien en cierto sentido lleva a cabo, en el nivel cómico, el concepto de *virtus* maquiaveliana, pero visto desde una perspectiva paródica y burlesca. No nos encontramos tampoco con momentos dramáticos marcados por la sorpresa ni por el famoso reconocimiento imprevisto con respecto a la verdadera naturaleza e identidad de los protagonistas, no aparecen personajes dobles, gemelos o hermanos disfrazados, como en *La Calandria* de Bibbiena, ni se dan equívocos ni malentendidos que compliquen el desarrollo de la trama. Desde el comienzo de la comedia el establecimiento de la estrategia engañosa con respecto a Nicia y al logro del amor de Calímaco en relación con Lucrecia queda perfectamente establecido y es perfectamente previsible para los espectadores.

Asimismo, cabe recordar que la topografía urbana y la ambientación florentina de la comedia obedecen a un total realismo. Maquiavelo muestra aquí su mayor originalidad. No se trata de una ciudad mítica o arquetípica como en la comedia clásica. Estamos ante una Florencia real, por eso se habla del mercado nuevo y del viejo, de edificios famosísimos como el edificio de los Spini, la logia de los Tornaquinci, el palacio del Procónsul o la calle del Amore o del Amorino. Es decir, Maquiavelo reproduce en su obra un mapa real, pero a la vez imaginario, de la Florencia del siglo XVI, donde la plaza vieja de S. Maria Novella se muestra, siguiendo el modelo espacial de la comedia latina, como el centro topográfico del desarrollo dramático, sede de los dominicos y hábitat de los protagonistas. El espacio clave de la comedia está, sin embargo, de alguna manera camuflado en el texto. La ubicación del convento en la famosa plaza de Florencia queda desdibujada, porque las críticas a la corrupción de la Iglesia y en concreto a las prácticas ilícitas de dicho centro eclesiástico son demasiado evidentes en la obra. Por eso el autor no quiere localizarlas de una forma excesivamente clara.

5. CONTEXTUALIZACIÓN HISTÓRICA DE LA MANDRÁGORA

Desde una perspectiva histórica, la obra está cronológicamente anclada en 1494, año de la llegada a Italia de Carlos VIII de Francia, acontecimiento con el que se inició la primera guerra italiana. Se nos dice en la comedia que Calímaco había nacido en 1474 y que, a los diez años, en 1484, una vez fallecidos sus padres, se había ido a vivir a París. Sabemos también que con veinte años desea volver a Florencia, pero justo en 1494, con la llegada del monarca francés a Toscana, le resulta imposible. El protagonista, con treinta años, es decir en 1504, vuelve a su ciudad natal con el deseo de conocer a la protagonista.

Se debe recordar además que 1494 es un año crucial en la vida de Maquiavelo. Tanto por el inicio de las guerras italianas por parte de la casa real francesa como por su frenética actividad política dentro de la República florentina, con el objetivo de conseguir frenar las amenazas externas que se ciernen sobre su ciudad. En cierta manera el autor sitúa en este momento el primer declive de la decadencia florentina. De manera que esta se vive también en La mandrágora, pero en un nivel privado.

6. LA UTILIZACIÓN DEL TIEMPO EN LA MANDRÁGORA

Con respecto al tiempo de la representación es también necesario recordar su realismo. Toda la acción se desarrolla a lo largo de un día. Maquiavelo procura contener la dilatación del tiempo de la fábula dentro de la unidad temporal impuesta por las exigencias de la poética dramática clásica, con la finalidad de disminuir en todo lo posible la inverosimilitud. Los distintos actos de la obra están calibrados con una minuciosa medición realista. Por ejemplo, el monólogo del criado Siro de la escena cuarta del segundo acto sirve perfectamente para permitir que Nicia, fuera de escena, siguiendo las indicaciones de Calímaco, recoja la orina de Lucrecia. Nicia había advertido a Siro que volvería a escena enseguida: «Ya estamos en casa; espérame aquí, ahora mismo» (Maquiavelo, 2021: 200), con la finalidad de hacer partícipes a los espectadores de la simultaneidad de los acontecimientos dramáticos representados en escena y también acaecidos fuera de ella.

Lo mismo cabe decir del monólogo de Nicia de la escena séptima del acto tercero (Maquiavelo, 2021: 213). Este sirve para dar tiempo a que Ligurio explique a Fray Timoteo, fuera de escena también, todo su plan estratégico con respecto a Lucrecia. Por esa misma razón Fray Timoteo, antes de dejar su conversación con Ligurio, en la escena octava del acto tercero, advierte al marido: «Esperad aquí, nosotros volvemos ahora mismo». Lo mismo sucede en los monólogos de Fray Timoteo en el acto tercero, escena IX, más largo que los anteriores, cuya función es permitir a Lucrecia y a su madre salir de casa y reunirse con el resto de los personajes en la Iglesia (214).

De esta manera Maquiavelo da muestra de una finísima sensibilidad en el engranaje de la gestión dramática del tiempo de la historia, perfectamente ensamblada dentro de la representación, hecho que contribuye a la agilidad cómica de la obra y a su total verosimilitud temporal. Maquiavelo, además, sabe gestionar perfectamente los intervalos en la evolución dramática. Antes del final de cada acto advierte a los espectadores de lo que sucederá en el siguiente. Se favorece así la atención del público en la gestión imaginaria de la temporalidad dramática, fomentando la sensación de simultaneidad. Y, asimismo, antes del final de cada acto, se advierte a los espectadores de lo que tendrá lugar durante la pausa. Entre el primer y el segundo acto, por ejemplo, Ligurio buscará a Nicia y lo llevará a casa de Calímaco. El intervalo entre el segundo y el tercero sirve para presentar a Sóstrata y ponerla al corriente de la necesidad de convencer a su hija para someterse a los planes del falso médico. La pausa entre el tercero y el cuarto acto ofrece el tiempo necesario para que Ligurio recorra Florencia en busca de Calímaco. Algo inusual sucede en el pasaje del cuarto al quinto. En la intervención conclusiva del cuarto acto, en la escena X, Fray Timoteo pide al público que no critique a los personajes de la comedia ni tampoco al autor, dado que el intervalo se dilatará durante toda la noche: «Vosotros espectadores no nos reprendáis; que esta noche nadie dormirá y así los actos no cortarán la acción» (231). Tal hecho presupone una clara continuidad en la acción dramática y un efecto de realidad absoluta. Esta queda garantizada, por tanto, gracias a la vigilia de los personajes que quedan fuera de escena. Así el tiempo de la historia y el de la representación resultan imaginariamente dilatados.

7. La innovación temática de *La mandrágora*

Sin lugar a dudas, la capacidad de Maquiavelo para adaptar las normas del teatro clásico a la verosimilitud realista de su comedia nos habla de la originalidad de su obra. El ejemplo más claro de su atrevimiento lo encontramos en la escena tercera del acto III, correspondiente al diálogo entre el fraile y el personaje de la viuda, como veremos muy importante. Es un momento insólito, la viuda aparece en escena de la nada, sin nombre, e interviene muy poco para desaparecer rápidamente, dejando, sin embargo, sobre la mesa una temática sexual escabrosa. Este diálogo es parte de una confesión que se ha iniciado fuera de escena. La viuda con prisa quiere desahogarse rápidamente (Maquiavelo, 2021: 209) y después de dar al fraile un florín para que diga misas por su difunto marido, introduce el tema de las prácticas sexuales ilícitas a las que el marido la sometía, para continuar hablando de cómo los apetitos de la carne todavía están vivos en ella: […] «diréis la misa de réquiem por el alma de mi difunto marido que, aunque era un bruto, la carne tira, y cada vez que pienso en él siento una cosa…» (209). Al recordar a su difunto esposo, la viuda trae a colación el empalamiento de los turcos, cuya llegada a Italia es temida por ella por el miedo a sufrir de nuevo el mismo trato sexual. Pero a Fray Timoteo solo le preocupa el dinero y no cae en la tentación de profundizar en las alusiones sexuales del personaje femenino.

La escena de la viuda, aparentemente sin relación con lo hasta ese momento acaecido en escena, sirve, sin embargo, para poner de manifiesto la sumisión de las mujeres de la época en relación al clero y también para adelantar la escena decisiva de la comedia, la escena novena del acto tercero, en la que fray Timoteo convence a Lucrecia de acatar los planes de fecundidad del falso médico. La argumentación del fraile goza de las mejores técnicas discursivas del convencimiento. No debemos olvidar que la retórica argumentativa y la capacidad de convencer y embaucar al otro son las mayores protagonistas del texto maquialeviano.

> […] Vos debéis, en lo que concierne a la conciencia, considerar este principio general; que cuando hay un bien seguro y un mal incierto, no se debe nunca renunciar al bien por miedo al mal. Aquí hay un bien seguro, quedaréis encinta, ganaréis un alma para Nuestro Señor: el mal incierto es que aquel que yazga con vos, después que hayáis tomado la pócima, muera; pero los hay que no mueren. Precisamente por lo dudoso del caso, es prudente que micer Nicia no corra tal peligro. En cuanto al acto, que sea pecado, es una patraña, porque es la voluntad la que peca, no el cuerpo; pecado es disgustar

al marido y vos le complacéis; y obtener placer, y a vos os disgusta. Además de esto, hay que tener en cuenta, en todo el fin: vuestro fin es llenar una silla más en el paraíso, complacer a vuestro marido. Dice la Biblia que las hijas de Lot, creyendo ser las únicas mujeres supervivientes en el mundo, tuvieron uso carnal con el padre; y puesto que su intención fue buena, no pecaron (Maquiavelo, 2021: 216).

Como se ve claramente, no es Calímaco en realidad quien consigue a Lucrecia de manos del marido arrogante y en apariencia tonto, sino el fraile. Él es el verdadero responsable del engaño y de la estratagema de la comedia. Timoteo es quien consigue dominar a la esposa de Nicia, al menos en esta parte de la obra. En consecuencia, el protagonista joven logra a la mujer deseada, gracias al dinero que da al eclesiástico, pero mediante los poderes dialécticos de persuasión del clérigo, usados sobre Lucrecia.

El hecho de que Maquiavelo haya sido capaz de ver cómo los nuevos frailes eran los verdaderos dueños de la conciencia de las mujeres, e indirectamente de sus cuerpos, constituye una genialidad sociológica y dramática innegable. Asimismo, en este parlamento queda patente la libertad con la que el autor florentino trata la problemática sexual. Hecho que hace de *La mandrágora* una comedia osada, descreída y amarga, en la que los aspectos menos excelsos del ser humano quedan camuflados entre el deseo de dominio y la avaricia corrupta de los personajes. En este sentido la viuda, de la que ya hemos hablado, es un personaje que esboza y adelanta, mediante su breve diálogo con el fraile, una temática sexual escabrosa, dando paso a la escena en la que fray Timoteo convencerá a Lucrecia de la necesidad de mantener relaciones sexuales con otro hombre, al que está destinada, casi con seguridad, la muerte. Es decir, la aparición fugaz de la viuda sirve de introducción al convencimiento amoral que Fray Timoteo propone a la protagonista de la comedia, el que nos habla no solo de unas prácticas sexuales fuera de la 'norma', sino sobre todo del convencimiento amoral con respecto a la futura muerte de un inocente.

La amoralidad del comportamiento del fraile ya se había puesto anteriormente de manifiesto, cuando en la escena cuarta del acto tercero Ligurio informa a Fray Timoteo del embarazo de cuatro meses de una joven de familia de los Calfucci, tras ser recluida en un convento. Ligurio, en la cadena de falsedades que urde para satisfacer el deseo de Calímaco, propone al monje hacer abortar a la chica, con el objetivo de limpiar el buen nombre de la familia y del convento. A cambio el fraile recibiría trescientos ducados. La argumentación sumamente sagaz de Ligurio, en su llamada al bien común, frente al supuesto delito de aborto, y sobre todo la alta suma de dinero ofrecida, convencen rápidamente al monje. Una crítica tan sutilmente elaborada contra el clero no se había visto hasta entonces en la literatura italiana[7].

LIGURIO: Pero antes de hacer esta limosna, es necesario que nos ayudéis en un caso extraño acaecido a micer: y solo vos podéis ayudar, que va en ello todo el honor de su casa.

FRAY TIMOTEO: ¿De qué se trata?

LIGURIO: No sé si vos conoceréis a Camillo Calfucci, sobrino de micer Nicia.

FRAY TIMOTEO: Sí, le conozco.

LIGURIO: Pues hará un año, más o menos, que ciertos asuntos le llevaron a Francia, y no teniendo mujer, que se le había muerto, dejó a una hija suya, casadera, en custodia en un convento, cuyo nombre no hace al caso.

FRAY TIMOTEO: ¿Y qué ha pasado?

LIGURIO: Pues ha pasado que, o por descuido de las monjas o por su propia ligereza, la muchacha está preñada de cuatro meses, de manera que si no se repara con prudencia, el doctor, las monjas, la muchacha, Camilo y toda la casa de los Calfucci quedarán deshonrados; y el doctor siente tanto esta vergüenza, que ha prometido, si no se descubre, dar trescientos ducados por el amor de Dios.

FRAY TIMOTEO: ¡Qué sarta de mentiras!

LIGURIO: (¡Quieto!) Y los dará por vuestra mano; que solo vos y la abadesa podéis ayudarnos en este trance.

FRAY TIMOTEO: ¿Cómo?

LIGURIO: Persuadiendo a la abadesa para que dé a la muchacha una pócima que la haga abortar.

FRAY TIMOTEO: Esto habría que pensarlo muy bien.

LIGURIO: Ved, haciendo eso, cuántos bienes resultarán de ello: preserváis incólume el honor del monasterio, de la joven y de sus parientes; devolvéis una hija al padre, satisfacéis a ese señor y a sus parientes, hacéis tantas limosnas cuantas se puedan hacer con estos 300 ducados; y, por otra parte, total solo ofendéis a un pedazo de carne no nata, sin sentido, expuesta a perderse antes de llegar a término de mil maneras distintas; y yo creo que es bueno lo que favorece a la mayoría.

FRAY TIMOTEO: ¡Sea en nombre de Dios! Hágase vuestra voluntad y que

---

[7] Maquiavelo, en la línea de Boccaccio, habla incluso del acoso sexual de un fraile a su mujer, en el acto tercero, escena segunda (Maquiavelo, 2021: 2007-208).

todo sea por Dios y por caridad. Decidme el convento, dadme la poción y si os parece, esos dineros, para poder empezar a hacer algún bien.

LIGURIO: Sois la clase de religioso que esperaba que fueseis. Sois como imaginaba. Tomad esos ducados. El monasterio es... Pero aguardad, que en la iglesia una mujer me hace señas; vuelvo enseguida, no os separéis de micer Nicia, son tan solo dos palabras (Maquiavelo, 2021: 211-212).

Por otra parte, hay que tener presente que la referencia directa a la temática del aborto nos habla del profundo realismo, amargo, de la comedia. La corrupción de la sociedad florentina de la época es en *La mandrágora* más que evidente. El tono realista de la obra, proveniente de la cuentística medieval, llega así a su punto de mayor relieve. Tal hecho se debe a que la comedia no nace, como en el caso de las de Ariosto o de Bibbiena, para la diversión de la Corte ni tampoco surge directamente de la necesidad de renovación de la comedia latina. *La mandrágora* es, por tanto, una pieza clave de la literatura dramática italiana, entendida como fuente importante del conocimiento del comportamiento y de la acción humana, trazadas en su dualidad ambigua; un estudio de los intereses y de los deseos humanos, legítimos e ilegítimos. En la comedia, por tanto, se deja oír la complejidad del pensamiento de Maquiavelo. La mezcla de lo cómico y de lo trágico en *La mandrágora* se muestra como una vía política para conocer la real actuación de los ciudadanos de una sociedad, la florentina, en este caso.

En consecuencia, más que ver en la comedia de Maquiavelo solo una alegoría de los acontecimientos políticos de la Florencia de la época, en la que el príncipe de los Medici sería Calímaco, conquistador de la ciudad, deberíamos entender la obra como el estudio realista acerca de la manifestación del establecimiento del poder en la vida cotidiana florentina.

Estamos, pues, ante un estudio humanista de las manifestaciones menos excelsas de los seres humanos en la vida privada, las mismas que reflejan el interés del autor por la temática de la toma del poder político y sus distintas manifestaciones a lo largo de la historia. Se debe tener presente además que el género literario que en la antigüedad estudiaba los usos y costumbres de la vida cotidiana era la comedia, aunque a través de formas claramente estereotipadas. Por eso Maquiavelo, siguiendo el modelo terenciano, pero llevándolo hasta sus últimas consecuencias, como buen humanista, quiere comprender cuáles son las reglas que rigen la actuación humana de todos los días. Es decir, el autor florentino pretende concentrase en las actuaciones de un microcosmos, el que a partir de su mismo componente individual refleja el comportamiento de la entidad estatal. *La mandrágora* sirve, por tanto, de espejo en el ámbito privado con respecto a los mecanismos de la acción humana a nivel general. La comedia para Maquiavelo es, por consiguiente, una obra de invención que trata de acontecimientos privados con el objetivo de enseñar cosas realmente 'útiles' para los ciudadanos. Es también una vía de confesar su descreimiento amargo ante todas las cosas del mundo. A través del comportamiento de los personajes de *La mandrágora*, su autor nos coloca ante el espejo de la Florencia de su época, de la que critica su total corrupción.

8. DE *FORTUNA* Y *VIRTUS* EN *LA MANDRÁGORA* O DEL PRAGMATISMO INTELIGENTE

Así, pues, para algunos críticos la comedia de Maquiavelo nace de la observación minuciosa del uso de la audacia humana y de las mismas reflexiones que se encuentran en sus obras políticas e históricas. Sin embargo, en este caso su objetivo es suscitar la risa y provocar la diversión, tal y como el mismo Maquiavelo nos dice en el Prólogo: «La fábula *mandrágora* se llama. El porqué, al representarla comprenderéis, según preveo. No goza el autor de mucha fama; así que, si no logra haceros reír, gustoso os pagará el vino. [...] El premio que se espera es que cada uno se alegre y se ría, diciendo mal de lo que vea y oiga» (Maquiavelo, 2021: 184-185), a pesar de manifestar el descreimiento amargo y pesimista del propio autor con respecto a la maledicencia de la época (185). Este, mediante su comedia, revela los aspectos divertidos, dobles, paradójicos e incluso grotescos del quehacer humano, solo guiado por los deseos y las ambiciones privadas, y sabe hacer ver cómo el triunfo del más astuto reside en su capacidad retórica, en su arte de simulación y engaño, casi siempre por encima de cualquier valor ético o moral.

Es decir, Maquiavelo era absolutamente consciente de que el verdadero poder de los hombres se acompaña de la *virtus*, práctica y política; una virtud alejada, en cierta manera, del ámbito estrictamente moral. Esta, para hacerse eficaz, debe recurrir a la simulación y al engaño. Esta perspectiva táctica y estratégica de la vida está también presente en *La mandrágora*. Maquiavelo pone en escena, a través de los avatares de sus protagonistas, el proceder táctico y estratégico necesario para la obtención del poder en la vida social y, con su sutileza metafórica, muestra como esta es decisiva para la comprensión individual del quehacer humano y de su naturaleza más profunda.

Con el fin de reforzar su posición con respecto a la importancia de las pasiones en la acción humana y de observar cómo estas determinan la estrategia pública de la cotidianidad, el autor, como ya hemos dicho, hace aparecer en escena a la figura de la viuda, como ya sabemos, en apariencia sin ninguna relación directa con la historia representada. Ella es, sin embargo, un espejo universal de la especie humana, ya que al definirse a sí misma como un ser carnal y pasional se convierte en el reflejo de cada uno de los personajes. Mediante la figura de la viuda, Maquiavelo insiste en la naturaleza 'desviada', ética y moralmente hablando, con respecto a la vida pública y privada, siempre esclava de las pasiones. Las pasiones indomables de los humanos determinan la herramienta de la acción política y su influencia decisiva sobre su comportamiento social.

A pesar de que Nicia es un abogado y de que Fray Timoteo apela a la respetabilidad de las leyes, ambos, en su actuación, dejan en evidencia el quehacer corrupto generalizado, reflejo de toda la sociedad florentina de la época. *La mandrágora* representa, por consiguiente, el elogio de la astucia, el ensalzamiento del comportamiento del zorro; es decir, del engaño, del fingimiento, del uso de las artimañas. Pues en la velada conexión entre *La mandrágora* y *El Príncipe*, Maquiavelo muestra que el buen uso de la astucia solo puede ser llevado a cabo por quien sabe de 'política', entendida en el sentido más amplio de la palabra. Si la metáfora del león representa la fuerza, tal y como aparece en *El Príncipe*, el engaño es en *La mandrágora* el otro expediente imprescindible para la conquista del poder. Y tal perspectiva rige el entramado de pasiones y de enredos del universo teatral de la comedia estudiada, espacio donde se crean situaciones de ficción, encaminadas a la risa y al *divertimento*, pero en el que se hace alusión, amarga, al contenido referencial de las posiciones políticas del autor, de un modo velado o si se prefiere alegórico.

Como ya sabemos, el centro dramático de la pieza es sin duda la facilidad del engaño y de la burla corrupta de los humanos. *La mandrágora* analiza, en el desarrollo de su acción teatral, el fraude o al arte de engañar mediante la palabra como acción necesaria en la vida pública y privada. De ahí proviene su realismo político, entendido como muestra de que la existencia humana, marcada por la lucha conflictiva en la búsqueda de la autosatisfacción, mantiene la respetabilidad de la ley, aunque esta ya no funcione realmente. La ley sigue en vigor no para evitar la corrupción, sino para mantener un orden que preserve en apariencia la estabilidad política.

Con la voluntad de aumentar la importancia decisiva del engaño en la obra, debemos recordar la aparente sordera de Nicia ante Fray Timoteo, en la escena quinta del segundo acto. La polisemia de la sordera del marido 'cornudo' abre también un amplio abanico de interpretaciones. Si por una parte contribuye a aumentar su carácter de tonto, por otra refuerza, en primera instancia, su caracterización de personaje distante y, fundamentalmente, práctico. Nicia no quiere saber lo que realmente está pasando y se hace el sordo. La simpleza del marido de Lucrecia contrasta a la vez con el momento de la captura del hombre (Calímaco), quien será llevado por él mismo al lecho matrimonial. En este caso el personaje de Nicia se muestra participativo, tal y como aparece en la escena segunda del cuarto acto. Razón que nos lleva a preguntarnos si en realidad el marido no reconoce a Calímaco disfrazado y es él quien engaña, desde su aparente ingenuidad, al resto de personajes, solo con la intención de obtener a su tan deseado primogénito.

Aunque la polisemia interpretativa esté presente en toda la comedia y es cierto que el autor se propone en primera instancia «hacer reír» al público, tal hecho no invalida la perspectiva 'política' de *La mandrágora*. Es fácil pensar, por tanto, que Maquiavelo con su obra estuviera poniendo en práctica, desde una perspectiva literaria, la problemática política del Estado, visto desde una óptica reducida, y encarnada en un microcosmos urbano y familiar. El autor usa, en consecuencia, el teatro para continuar libremente su actividad de teórico del fenómeno político, ya que con su comedia solo pretende, en primera instancia, divertir al público. Gracias a su talento dramático, la experiencia literaria le permitió proseguir trasversalmente con su reflexión política.

En *La mandrágora*, como en *El Príncipe* y en los *Discursos*, el autor continúa lidiando trasversalmente con el fenómeno político, una vez apartado de su actividad pública en la Cancillería. En este sentido, *La mandrágora* podría en parte ser vista como una extensión de *El Príncipe*. Como ya se ha dicho, la pieza se enfrenta no solo con la cuestión del fraude, vía principal para resolver el conflicto de intereses de los distintos personajes, sino que, además, su presencia da ulterior luz a la mejor comprensión de la naturaleza humana. De esta manera el autor ofrece una vía de salida triunfante para superar los obstáculos establecidos por la 'fortuna'. En consecuencia, la perspectiva maquiaveliana del conflicto y de la lucha entre '*fortuna*' y '*virtus*' se desarrolla también en su teatro. En *La mandrágora* los hombres siguen los dictámenes de su naturaleza pasional, y, persiguiendo sus propios intereses, utilizan los mismos medios 'políticos' de los gobernantes, con la finalidad de encontrar una solución de fuerza y de astucia, siempre guiados por el fingimiento, la simulación y la apariencia.

BIBLIOGRAFÍA

Bibliografía primaria

Maquiavelo, N. (1964): *La Mandragola*, G. Davico Bonino (ed.), Turín, Einaudi.

Maquiavelo, N. (1985) [2021]: *El Príncipe y La mandrágora*, H. Puigdomènech (ed.), Madrid, Cátedra.

Bibliografía secundaria

Agudelo-Gonzáles, A. y Cardenas Díaz, J. (2013): «Fortuna y virtud: análisis de *El príncipe* y *La mandrágora* de Nicolás Maquiavelo», *Desafíos*, Bogotá, 25-2, pp. 35-67.

Attolini, G. (1988): *Teatro e spettacolo nel Rinascimento*, Roma, Laterza.

Bausi, F. (2018): «La rabbia e l'orgoglio. Macchiavelli personaggio della *Mandragola*», en M. C. Figorilli y D. Vianello (eds.), *La commedia italiana. Tradizione e storia*, Bari, Pagina, pp. 94-107.

Baratto, M. (1977): *La commedia del Cinquecento*, Vicenza, Neri Pozza.

Barbèri Squarotti, G. (1966): *La struttura astratta delle commedie*, en *La forma tragica del Principe e altri saggi sul Machiavelli*, Florencia, Olschki.

Ferroni, G. (2003): *Machiavelli o dell'incertezza. La politica come arte del rimedio*, Roma, Donzelli Editore.

Ferruccio, F. (2004): *Il teatro della fortuna. Potere e destino in Machiavelli e Shakespeare*, Roma, Fazi.

Lacertosa, M. (2007): *Complesità della* Mandragola, https://www.researchegate.net [consultado el 15/11/2022].

Mandragola in https://www.researchegate.net, «Enciclopedia machiavelliana» -Treccani Enciclopedia [consultado el 15/11/2022].

Puigdomènech Forcada, H: (1985) [2021]: *Introducción* a N. Maquiavelo, *El Príncipe y La mandrágora*, Madrid, Cátedra, pp. 9-39.

Russo, L. (1966): *Machiavelli*, Roma, Laterza.

Vanossi, L. (1970): *Situazione e sviluppo del teatro machiavelliano*, en *Lingua e strutture del teatro italiano del Rinascimento*, Quaderni del circolo filologico linguistico padovano, Padua, Liviana.

La importancia de la *commedia dell'arte* en la tradición escénica de Italia

1. LOS ORÍGENES DE LA *COMMEDIA DELL'ARTE* Y SUS CARACTERÍSTICAS MÁS RELEVANTES

Como teatro popular, la *commedia dell'arte* surge en Italia alrededor de la segunda mitad del siglo XVI y se difunde rápidamente por el resto de países europeos, sobre todo en Francia y en España; llega incluso a Polonia y a Rusia. Nos encontramos ante una representación escénica pensada y organizada para un público amplio y, por tanto, no necesariamente culto. Más que la trama argumental, en su puesta en escena prevalece la importancia de la actuación, en la que resalta la improvisación de los distintos comediantes. El público iba al teatro para ver a los actores y para gozar de sus habilidades.

La característica principal de la *commedia dell'arte* consiste, fundamentalmente, en la representación sencilla y esquemática de los conflictos sentimentales y eróticos de los distintos protagonistas, sobre todo de los más jóvenes, desarrollados mediante el retrato de personajes estereotipados y a través de la recreación de situaciones burlescas, liosas y cómicas, encaminadas directamente al entretenimiento y a la risa. Al esquema básico del conflicto amoroso se añade, de forma implícita y sucinta, la conflictividad social y antropológica, centrada sobre todo en la eterna rivalidad entre el mundo de los criados y el de los señores. Las distintas intervenciones de los personajes tipo y sus respectivos diálogos, en su mayoría, dependían del talento improvisador de los actores y muchos de sus aciertos estaban directamente relacionados con las reacciones del público, en cada una de sus puestas en escena.

La improvisación dependía de la genialidad mímica y cómica de los intérpretes, de su indudable labor en equipo, puesta al servicio del favorecimiento de la genialidad comunitaria. Por tal motivo muchos de sus movimientos acrobáticos, gestuales y dialogados estaban incluidos dentro de los distintos repertorios de los juegos chistosos, denominados *lazzi*, del latín *actiones*, *l'actio*, en singular; es decir, de los recursos o acciones gestuales y dialogadas que se intercalaban en las distintas partes del desarrollo escénico. Los *lazzi* que-

29

daban, pues, establecidos dentro de un catálogo escénico y lo mismo sucedía con los esquemas generales de los distintos espectáculos, el repertorio con el que contaba cada compañía.

En consecuencia, la comedia del arte no era improvisada al cien por cien. Se contaba con unos esquemas básicos, los *canovacci* y los *scenari*, esquemas argumentales y distribución de escalas escénicas que fijaban las situaciones cómicas más sencillas, dentro de las cuales los actores debían estimular su imaginación y su oficio. Los diálogos y los monólogos no quedaban, sin embargo, fijados por escrito, pertenecían solo a la memoria de los actores. El conjunto de escenas que se representaban y las recomendaciones sobre cómo debían ser representadas constituye la perspectiva de los *scenari*. El *cannovaccio* es, sin embargo, el entramado temático en el que se centra el motivo narrativo o ficcional de la comedia; en la actualidad ambos nombres son intercambiables.

Generalmente los actores, salvo cuando representaban a los enamorados, utilizaban máscaras. En el caso de los enamorados, sus máscaras, si se quiere ver de este modo, quedaban fijadas principalmente a través del uso del italiano toscano excelso, excesivamente manido y refinado, según el monolingüístico del petrarquismo más convencional. Las enamoradas lucían vestidos 'lujosos' y se cambiaban varias veces de vestimenta a lo largo de la representación, lo que las convertía en el centro del espectáculo. Los demás personajes, a través de su máscara y de su vestimenta, casi siempre idéntica, sobre todo Arlequín y Colombina, han quedado fijados como arquetipos del imaginario colectivo de nuestra tradición occidental. Se representaba así a los tipos sociales pertenecientes, de forma estereotipada, a las distintas clases sociales, las profesiones y oficios más representativos de la época y se aludía a sus comportamientos más característicos, como, por ejemplo, Arlequín: el criado, muchas veces ingenuo o incluso tonto; Brighella, el siervo listo, a veces convertido ya en posadero, como en Goldoni; Colombina, la criadita encantadora y astuta; Pantalón, el avaro y viejo verde veneciano.

La expresión *commedia dell'arte* hace, por tanto, alusión literal al arte de la actuación de los actores profesionales, entendido su arte como oficio o *mestiere*. El sintagma *commedia dell'arte* aparece por primera vez en el siglo XVIII en el tratado de Giuseppe Baretti dedicado a las comedias de Carlo Goldoni, en 1750. Aunque esta forma de hacer teatro surgió en Italia alrededor de 1550, sus orígenes parecen remontarse a las piezas cómicas breves, conocidas como «farsas», de la Edad Media. Para algunos, su origen más antiguo debe encontrarse en las farsas atelanas, expresión de la comicidad popular de la localidad de Atela, en la región de Campania. En dichos espectáculos populares, tanto la improvisación como el uso de las máscaras, asignadas a los distintos personajes tipo, permite relacionar genéticamente las farsas osco-latinas con la *commedia dell'arte*. Según otras posiciones, el uso de las distintas máscaras, la improvisación teatral y el carácter burlesco y popular de las atelanas, presentes también en el espectáculo de la *commedia dell'arte*, no son elementos suficientes para establecer ligazón alguna entre ambas formas populares. Se trata de coincidencias antropológicas, comunes a toda la tradición cómica popular de Occidente, y no deben colocarse, pues, en estrecha dependencia genética. Lo que sí parece seguro es que la *commedia dell'arte* surgió de la amalgama entre la gran tradición juglaresca, la cómica medieval y la cultura del Carnaval. Estamos, pues, ante la mixtura escénica entre distintas formas de teatro popular, la tradición de los saltimbanquis, los charlatanes y la comedia latina y griega: Aristófanes y Plauto, fundamentalmente.

Hay que tener presente además que en el Renacimiento se asiste a la eclosión de la comedia erudita, escrita en italiano-toscano culto, según el modelo lingüístico de Pietro Bembo, aunque en casos excepcionales, como *La mandrágora* de Maquiavelo, se introduce el toscano popular y en las comedias de Ruzante, el paduano. Autores como Ariosto, Bibbiena y Maquiavelo nos hablan de la importancia de unos textos cómicos, cuyos modelos se encuentran también en el teatro de Plauto y de Terencio. En esta línea, sobresaliente en todas las comedias del *Cinquecento* italiano, los *scenari* y *canovacci* de la *commedia dell'arte*, cuyos 'autores' y directores eran hombres cultos, en el amplio sentido de la palabra, ponen de relieve el continuo diálogo entre la comedia erudita italiana, fijada textualmente, y la 'popular' o improvisada, la *dell'arte*.

Por tanto, aunque el mundo popular de la fiesta, del Carnaval, de los bufones y de los saltimbanquis está detrás de la *commedia dell'arte*, también lo está el conocimiento temático, estructural y escénico de la producción cómica culta, central en la dramaturgia italiana, a partir del Renacimiento. Este es el caso, por ejemplo, de Galileo Galilei, quien con su *Argomento e traccia d'una commedia* (*Argumento y esbozo de una comedia*), compuesta, con dos variantes editoriales, entre 1592 y 1593, se mueve dentro de los esquemas de los *scenari* y de la estructuración retórica de las comedias eruditas.

En este sentido, en la estrecha relación entre el teatro culto y la representación escénica popular, la *commedia dell'arte* está estrechamente emparentada con las primeras comedias en prosa de autores como Angelo Beolco (1496-1542), conocido como Ruzzante o Ruzante, dramaturgo paduano que representó en su teatro a las clases más humildes y sus vicisitudes en los momentos de guerra y de carestía, haciéndoles hablar directamente en dialecto. A partir del siglo xv, sobre todo en la zona nororiental de Italia, pequeñas compañías de cómicos, formadas por acróbatas, juglares y teatreros, recorrían Italia improvisando sus actuaciones, frecuentemente a partir de una trama sencilla y de esquemas ya prefijados. Estos se convertirían más tarde en un espectáculo irónico y satírico en el que se fundían las canciones con los bailes, las acrobacias y los chistes, algunas veces obscenos y de mal gusto. No es casual, por tanto, que las principales *performances* de la comedia improvisada, o *commedia dell'arte*, tuviera lugar en la región del Véneto y más concretamente en Padua.

2. LAS MÁSCARAS DE LA COMEDIA DEL ARTE

Como ya se ha dicho una de las características principales de la comedia del arte reside en el uso de las máscaras, siempre en relación con los personajes tipo, idénticos en cada espectáculo. Son máscaras muy semejantes a las de la comedia grecolatina. Pero obviamente existen diferencias consustanciales con respecto a las producciones escénicas del mundo clásico. Allí los personajes eran mucho más variados, aunque se encontraban ya emparentados entre sí por sus características comunes; sus conflictos vitales sirvieron de inspiración para la práctica escénica de la *commedia dei zanni* o comedia de los criados, como también fue denominada la *commedia dell'arte*. En esta, los distintos personajes se cristalizan y no varían según las distintas puestas en escena. De hecho, muchos actores deciden hacer siempre el mismo personaje-tipo, hasta identificarse totalmente con él y poder desarrollar así su 'psicología' de manera más profunda. Este es el caso de Tristano Martinelli, también conocido como *Dominus Arlecchinorum* (el Maestro de los Arlequines), actor y director que desarrolló su actividad en Mantua y París entre 1584 y 1621. Se le ha considerado el introductor del personaje de Arlequín en Francia. Este es también el caso de Isabella Andreini, nombre artístico de Isabella Canali, actriz y escritora, inmortalizada por pintores y poetas de su época. Isabella desarrolló su actividad durante la segunda mitad del siglo xvi. Representó el mejor arquetipo de la enamorada, personaje que desde entonces se llamó como ella. Su marido, Francesco Andreini, fue también un famoso actor y dramaturgo de la *commedia dell'arte*. Representó casi siempre al arquetipo del capitán fanfarrón, en concreto al Capitán *Spavento* (Miedo). Se le considera autor de numerosas comedias, reunidas en *Le bravure del Capitano Spavento* (*La valentía del Capitán Miedo*). Fue además el director de la compañía dei *Gelosi*, una de las más conocidas.

Los tipos fijos de la *commedia dell'arte* tienen características claramente definidas, hecho que los hace peculiares. Cada personaje es originario de diferentes ciudades o regiones de Italia y, en sus respectivas hablas, quedan reflejadas las variedades diatópicas y diastráticas del italiano de los siglos XVI y XVII. El *Seicento* es el momento en que hace eclosión el uso del dialecto fuera de la literatura áulica o de corte. Así se enriquece la carga simbólica, cómica y plurilingüe, que establece de forma esquemática la procedencia regional y de clase de los distintos arquetipos cómicos. En escena, normalmente, los personajes tipo se reduplican. Son generalmente parejas o cuartetos. Se favorece, por tanto, el desarrollo del diálogo y del desdoblamiento de cada uno de ellos y, junto con sus famosos *travestimenti*, el esquema laberíntico de la pieza. La reduplicación de los papeles de los personajes favorece, además, junto a su gran expresividad gestual y a la importancia de la acrobacia, la coreografía, hecho que daba cabida a los números de danza y a las cabriolas.

Entre las máscaras más conocidas de la comedia del arte están Pantalone, Colombina, Arlecchino y Pulcinella. Arlecchino, Pulcinella y Colombina son quienes, dada su condición de criados, más o menos astutos, concentran sobre sí mismos gran parte de los números más divertidos del espectáculo. Pantalone, por el contrario, desempeña el papel del señor, el viejo tacaño y enamoradizo. Los hombres jóvenes suelen llevar la máscara del capitán, como el Capitán *Spaventa* (Miedo) o *Fracassa* (Rompe Todo o Manazas) o bien son los enamorados, los nobles cultos y gentiles, que hablan siempre en florentino-toscano. Los militares, generalmente, ridiculizan el comportamiento de los españoles, dado que, durante el *Cinquecento* y el *Seicento*, España detenta el poder en gran parte de la península italiana.

Pantalone o Pantalón es el viejo de la *commedia dell'arte*. El patriarca que encarna el poder mercantil veneciano, y representa, dentro de la jerarquía social, la pujanza comercial de la República de Venecia. Primitivamente se le llamaba *Il Magnifico*, nombre que hacía referencia al hombre anciano, rico y poderoso. Este, junto con el *Zanne* o *Zanni*, siervo o criado, encarna los orígenes de la *commedia dell'arte*. Las distintas máscaras descansan, por tanto, en las progresiones estereotipadas de la axiología señor-criado. Las mujeres, ricas o pobres, señoras o siervas, juegan un papel decisivo, siempre en relación con el amor y el erotismo. Son, por consiguiente, la indispensable versión femenina de los prototipos masculinos. Las enamoradas constituyen la constelación escénica de las señoras nobles o alto burguesas de la Italia del momento.

Pantalone es también el cabeza de familia. Generalmente tiene una hija joven en edad de merecer, a la que quiere casar bien, dentro de las mejores familias de Italia. Pero además es un viejo verde y avaro. Es astuto, pero ridículo al mismo tiempo. Dada su caracterización de *senex libidinosus* se ve envuelto en enredos de amor, pero siempre acaba perdiendo. Sus líos de faldas, fallidos, con las mujeres jóvenes le hacen olvidar sus deberes como padre de familia y como hombre hacendado. Al final de sus aventuras pierde, pero sabe aceptar las jugadas de la suerte y reordenar su sistema de valores, en el que priman la riqueza y el orden. Su vestimenta es siempre idéntica: un abrigo negro (en origen rojo), el gorro de lana puntiagudo, un chaleco también rojo y el pantalón estrecho, las medias y las zapatillas son también rojas. Lleva siempre una bolsa con monedas de oro (*zecchini*), la espada para defenderse y defenderlas y un pañuelo. Su máscara corresponde a un animal, el águila. Esta concreta su carácter y adquiere una relevancia especial, ya que a menudo el personaje se presenta de perfil.

El Dottore o Doctor es el hombre culto y universitario, el pedante de la comedia y, frente al poder del dinero, representado por Pantalone, el Doctor (en leyes y en medicina) encarna el poder del falso intelectual. Al haber estudiado en la Universidad de Bolonia, su ciudad natal, conserva de su aprendizaje un enorme descaro, dentro de su más profunda ignorancia emocional. Es pretencioso y arrogante, aun dentro de su total ridiculez. Hace uso de sus conocimientos universitarios y de su cultura para confundir y amedrantar a quienes no la poseen. Utiliza largas citas y sentencias en latín, en las que se intercalan el boloñés e incluso el español. El manejo de las distintas lenguas es la mejor manifestación de su poder universitario. Sin embargo, sus intervenciones escénicas, a las que se entrega con avidez, son simplistas. Le sirven únicamente para demostrar su narcisismo. Si resulta cómico, es a pesar de su pretendida y falsa sabiduría, más aparente que real. Sus intervenciones escénicas le permiten, en realidad, enmascarar su enorme ignorancia humana. Es compañero y vecino de Pantalone, con quien comparte la avaricia y el gusto por la elocuencia y la galantería sensual. Es muy gordo, hecho que le impide moverse fácilmente. Está siempre pendiente de Pantalone, del que es compadre y rival al mismo tiempo. Viste como los universitarios de Bolonia, lleva una vestimenta larga y negra que le llega prácticamente hasta los pies, con unas medias negras. Otras veces su indumentaria es más corta y le llega solo hasta la rodilla. Lleva un gran sombrero negro y a menudo una larga capa, también negra. Su media máscara también es oscura y solo le cubre la frente y la nariz. Se resalta así su cabezonería, cercana a la del toro.

Los *Zanni* son los siervos y criado. El nombre de *Zanni*, *Zanne*, como *Zuan*, es una versión lombarda y véneta de Gianni, Juan, un nombre muy común en la zona de donde procede la mayor parte de los criados de la nobleza y de los ricos mercantes venecianos. Por este motivo *Zanni* es uno de los personajes más conocidos y antiguos de la *commedia dell'arte*. Constituye el prototipo del criado. Como ya se ha dicho, en sus comienzos la comedia del arte se llamó la *commedia degli zanni*. En el año 1559 Anton Francesco Grazzini, poeta y dramaturgo florentino, compuso el canto carnavalesco, titulado *De' Zanni e de' Magnifichi*; es decir, de los criados y de los magníficos señores. Y como ya se ha visto también, el nombre de *Il Magnifico* era el antiguo nombre de la máscara veneciana de Pantalone. En consecuencia, se deduce que Grazzini tenía ya presente los primeros *canovacci* de los cómicos ambulantes, en los que se mantenía fijo el enfrentamiento entre criados y señores. Tales disputas recibieron el nombre de *Contrasti comici* (*Disputas cómicas*) o *Ludi Zanneschi* (*Juegos de los* Zanni), de los criados.

Enseguida la máscara de *Zanni* dio paso a la de otros criados, que ya con nombre propio fueron los protagonistas humildes de la *commedia dell'arte*. Así nacieron los criados astutos, como Frittellino, Beltrame y Brighella, o los criados tontos, mucho más famosos por la capacidad cómica de los actores que los representaban y por su gran impacto sobre el público; entre los más famosos se encuentran Arlecchino, Pulcinella, Mezzettino e Truffaldino. Este proceso de transformación tuvo un periodo de coexistencia entre ambos tipos. Por eso uno de los primeros Arlecchini se llamaba Zan Ganassa, el mismo nombre de una de las compañías más famosas de la *commedia dell'arte*.

En general la máscara del criado muestra, de perfil, una nariz larga y de frente unos ojos pequeños y redondos que despiertan la simpatía del público. Su vestido es modesto y remendado, de campesino humilde. Se permite todo tipo de extravagancias, groserías y locuras. El criado suele desdoblarse en dos y ofrecer a la vez el punto de vista del astuto y del simplón, hecho que provoca las soluciones más absurdas e imprevistas. Como hemos dicho, los tipos más conocidos de *zanni* son servidores-bufones, originarios de Bérgamo (entonces formaba parte de la República de Venecia). Son perezosos, rudos y agresivos, astutos o bobos, y siempre intrigantes. Están hambrientos y son insolentes. Son los siervos de Pantalone, del Dottore, de los distintos capitanes y de los enamorados. Son los responsables del enredo cómico de la *performance* y se expresan en un lenguaje que alterna la vulgaridad soez, el dialecto y el lirismo ingenuo. Arlecchino es el personaje más vivaz. Aparece en diversas comedias con otros nombres: Truffaldino, Pasquino, Tabarrino, Mezzettino, Trivellino, Nespolino…, siempre con diminutivos. Originario de Bérgamo, Arlecchino encarna al trabajador de las zonas menos ricas de la República, por eso busca trabajo en Venecia. Al ponerse al servicio de los grandes señores, encuentra su ubicación dentro de la jerarquía social. Su aspecto físico es muy conocido: lleva una máscara negra de cuero, donde algunos ven el testimonio de un origen infernal. Según otras fuentes, su nombre sería la deformación del nombre de un actor del siglo XVI, Hellequin, quien representaba la comedia con brío. Otras versiones hacen referencia a sus orígenes geográficos, dado que Arlequín procede de Bérgamo, donde los carboneros se embadurnaban la cara de ese mismo color. Su máscara, con muy poco perfil, presenta rasgos simiescos y diabólicos. Deja bien visible sus mandíbulas y su boca preparada para el engullimiento, la burla y la risa. Lleva también un sombrerito, que no le cubre totalmente el cráneo afeitado (siguiendo la tradición de los mimos antiguos). Lleva un traje, más o menos ceñido. Al principio, su vestimenta era muy modesta y sus rotos fueron posteriormente cubiertos con remiendos. Este traje, diferente del que conocemos hoy, se estilizó durante el siglo XVIII, de manera que los harapos se convierten en triángulos de colores fuertes, dispuestos simétricamente y bordeados de amarillo, hecho que por su colorido recuerda la vestimenta de los bufones. Así lo presenta Goldoni en su *Arlequín servidor de dos patronos*. Sus zapatos planos le posibilitan una enorme ligereza para sus acrobacias y piruetas. Lleva consigo una porra colgada de un lado. Esta le sirve, según los casos, de cucharón, para intentar combatir el hambre, de cetro, para mostrar paródicamente su poder o de espada, para resaltar su falso valor. La porra goza también de connotaciones fálicas, la voracidad sexual de Arlecchino es muy conocida. Es un personaje rústico, enigmático e inaccesible, farsante y fantasioso, un loco ingenuo, pero genial. Nunca se sabe si se burla de sí mismo o de los demás. Optimista por naturaleza, es especialmente grosero, un servidor paciente, goloso y enamoradizo. Representa los aspectos más carnales y primitivos del ser humano, puestos en relación con la precariedad de su difícil existencia de criado. Se entristece y se alegra como un niño, es oportunista y sus burlas persiguen algún interés práctico, casi siempre relacionado con la comida o con el sexo. Se muestra muy hábil para escapar de las situaciones más difíciles y sabe divertirse a pesar de todo. De movimientos ligeros, graciosos e inagotables, está asociado al comportamiento del mono y del gato, por su agilidad, por su autonomía y por su independencia.

Brighella es el otro criado, el listo. De espíritu más agudo y espabilado que Arlequín es un personaje inquietante, cínico y artero, a veces incluso empalagosamente cortés con los poderosos. Organiza burlas e intrigas, enreda los papeles, organiza golpes secretos de los que siempre obtiene beneficio personal. También originario de Bérgamo, encarna al criado tramposo y bribón, muy a menudo es cocinero o posadero, como en Goldoni. El origen de su nombre viene directamente de la palabra italiana *briga*, que significa molestia, fastidio. Tal hecho nos indica el carácter último del personaje, su pesadez. Su color es el verde. Lleva una librea adornada con bandas verdes, a modo de abrigo corto, un traje blanco y pantalones anchos, con faja de color verde. También lleva un gorro bordeado del mismo color. Tampoco a él le puede faltar la bolsa de cuero y el puñal. Su máscara, de ojos oblicuos, es de color verde oliva. Su emblema es el perro, parece fiel, pero es un servidor capaz de esconder sus verdaderas intenciones tras su aspecto amable. Prácticamente tiene los mismos defectos que Arlecchino, es perezoso, astuto, interesado y le gustan las mujeres. Brighella es ingenioso y espabilado, sabe utilizar los servicios de Arlecchino, cuando le son necesarios, pero actúa solo cuando piensa que su astucia le llevará a eliminar cualquier obstáculo que se interponga en su camino.

El personaje de Pulcinella, Pulchinella o nuestro Polichinela, en la tradición de los títeres en España, en la *commedia dell'arte* es originario de Nápoles. En sus orígenes habrían existido dos Pulcinella, el uno listo y el otro tonto. Prácticamente tiene los mismos defectos y 'virtudes' de los otros criados. En el juego de la representación encarna al pícaro, buscavidas, que conoce muy bien los bajos fondos de su ciudad. Popularmente se cree que su nombre proviene de la palabra *pulcino* (polluelo), entre otras muchas posibilidades. La tradición cuenta que se encontraba metido en un gran huevo y, al no poder salir, pio para ser liberado. Pero, al levantarlo, el diablo lo cogió por la espalda y al dejarlo caer, le nació su famosa joroba, la que lo hace verdaderamente horrible y condiciona sus deseos malignos de venganza. Se piensa también que la etimología de su nombre procede del término *pulce* (pulga), dada su mordacidad, sus agudezas y saltos imprevistos. Según la RAE, el nombre procede del sonido «paolocinelli», referido a Paolo Cinelli, comediante napolitano del *Cinquecento*. Para otros el nombre proviene de Puccio d'Aniello, campesino napolitano que, tras pelearse con unos cómicos, acabó uniéndose a la misma compañía con la que antes había roto. Una tercera posibilidad lo conecta con el actor capuano del *Cinquecento* Silvio Fiorillo, quien le dio el nombre.

Su arma secreta es la ironía, empleada siempre con gran ingenio. Tiene mil caras y sabe travestirse. A menudo, es cruel, lascivo y ladrón, y trata de olvidar su desgracia física vengándose sin piedad y haciendo gala de su tendencia a los placeres más primitivos. Es muy ingenioso y, dada su condición de criado o de siervo, come cantidades ingentes de tallarines.

Su traje blanco lleva un cuello ancho con pliegues, una blusa amplia de tela blanca apretada debajo del vientre por un cinturón de cuero, en el que se ajusta un sable de madera, una bolsa y también un gran gorro sin borde, como muchas de las figuras de los cuadros de Tiepolo. Su máscara es cruel y fría, con una nariz ganchuda en forma de pico, que recuerda a una rapaz. Su comportamiento oscila entre la espiritualidad y el ridículo, y su aspecto es erótico y sentimental, siempre doble y ambivalente. Este napolitano mordaz, estúpido y grosero, es vivaz e insolente. A pesar de su físico, se mueve infatigablemente, su movimiento es ligero y danzante en el escenario, su juego se basa en el contraste entre la inmovilidad absoluta y la agilidad inmediata; como en el caso de Arlequín, su espíritu linda con la locura. Al igual que el bergamasco, está emparentado con el personaje bufonesco del loco. Destaca por su mordacidad lingüística en napolitano y por su capacidad de burla.

Il Capitano o Capitán es la representación del *miles gloriosus* plautino. En este caso es un personaje moldeado satíricamente bajo los ropajes del soldado español. Así, pues, en la *commedia dell'arte* se le reconoce como el español fanfarrón y cobarde, que hace gala de sus bravatas en cualquier ciudad italiana. A través de él, la comedia se burla de los mercenarios, soldados poco recomendables, prácticamente incapaces demostrar su arrojo guerrero. Su característica es la fanfarronería. Le gusta sembrar por doquiera el terror, inspirar grandes amores, pero en realidad está siempre muerto de miedo. Se presenta con los nombres de Capitano *Spavento* (Terror), Capitano *Spezza-Monti* (destrozador de los Montes), Capitano *Coccodrilo*, Capitano *Mala-Gamba* (Mala Pata) y *Bella-Vita*, Capitano *Cerimonia*, Capitano *Fracassa* (Rompe todo o Manazas)... Se caracteriza lingüísticamente por su peculiar español italianizado. Se distingue por sus ojos brillantes, por sus enormes bigotes erizados, por su gran nariz y por su espada fenomenal. Se le ha asociado con el gallo. Es un personaje ridículo, cobarde y pretencioso. Es enamoradizo y queda prendado de las mujeres jóvenes y guapas de las que acabará indefectiblemente huyendo. Su traje recuerda a los caballeros engalanados, con una larga espada, un ancho sombrero de plumas, un cuello inmenso y almidonado y unas botas altas. Su máscara, casi siempre rojiza, se caracteriza, como ya se ha dicho, por su nariz prominente, que de perfil nos muestra a un personaje agresivo, pero que, de frente, sin embargo, resulta ser un tonto engreído.

Colombina representa al personaje femenino de la criada. Recibe otros nombres, como Smeraldina, Franceschina, Mariolina, Ricciolina, Arlequina... Como en el caso de los criados hombres es nombrada siempre mediante el diminutivo. Su nombre, Colombina, se relaciona con *columba* o *colomba*, el femenino de palomo, el animal que la representa, en alusión a su enorme sensualidad. Al igual que los otros criados es sirvienta-celestina, criada o camarera de una gran dama de la aristocracia, de Pantalone, de sus hijos o del Dottore. Se mueve con velocidad y eficacia y es a menudo el único personaje sensato de la comedia. Colombina ayuda a su señora a ganarse el afecto de su verdadero amor, mediante la manipulación de Arlecchino, al mismo tiempo que se defiende de los acosos libidinosos de Pantalone. Es cómplice de su ama, su confidente y la portadora de sus mensajes. Como Arlequín, es fundamentalmente optimista, vital, perspicaz y muy independiente. Sabe utilizar a los hombres e, incluso frente a su patrón, es franca y conserva una cierta libertad de acción. Bajo el nombre de Arlequina, puede llevar un traje similar al del personaje masculino. Su vestido en general es de campesina o de criada, según la época, de varios colores, y con un delantal pequeño, las faldas normalmente debajo de la rodilla, escote de corpiño bajo que marca sus senos. No lleva máscara. Colombina se convierte en la sierva astuta, la que a partir del siglo XVIII puebla la *opera buffa*, como es el caso de Serpina de *La serva padrona* (*La criada señora*) de Giovanni Battista Pergolesi, con libreto de Gennaro Antonio Federico, o de la Despinetta del *Così fan tutte* de Mozart, con libreto de Carlo Da Ponte, sin olvidar al personaje innovador de Mirandolina en *La posadera* de Goldini, ya convertida, como buena burguesa, en dueña de su propio negocio.

Los enamorados son los primeros actores y no suelen llevar máscara. Llamados en general Lelio, Silvio, Horatio, Flavio... son hijos de la nobleza o de la alta burguesía. Sobre ellos y sus correspondientes enamoradas, Vincenza (nombre de Vincenza Armani, actriz veneciana cuya fama en el papel de la enamorada anticipó al de Isabella Andreini), Isabella, Hortensia, Lucia y Flaminia... descansa el entramado sentimental de la representación. Estamos, pues, ante jóvenes, bellos, refinados, elegantes y gentiles. Fundamentalmente enamorados y entregados en cuerpo y alma a sus respectivos sentimientos; al principio de la comedia, obstaculizados por los viejos padres o por la oposición familiar al matrimonio. Su felicidad está a merced del ingenio de sus criados. Sus aventuras amorosas, siguiendo el modelo de la comedia latina, son el núcleo temático del espectáculo y reflejan episodios reales de la vida sentimental de la época. Son a menudo el hijo o la hija de Pantalone o del Dottore y pertenecen a las clases dominantes. Como ya se ha dicho no llevan máscara y sus vestidos siguen la moda vigente. Los enamorados soportan el aspecto 'psicológico' y anímico de la comedia, a partir de sus amores contrariados, de los conflictos y de los celos que provocan. Toda la acción cómica, ya presente en Plauto, se desarrolla al alrededor de los sus conflictos sentimentales. Ellos ponen en evidencia los problemas generacionales, ya que las jóvenes están destinadas a contraer matrimonio con hombres mucho más mayores que ellas o de quienes no están enamoradas. Se introduce ya de manera jocosa y cómica, indirectamente, la problemática dieciochesca de la defensa del matrimonio entre iguales, generacionalmente hablando, y del matrimonio por amor. Piénsese en las comedias de Carlo Goldoni o en las de Leandro Fernández de Moratín, desde una perspectiva ilustrada, popular o culta.

Los personajes de los enamorados, a pesar de su aparente aspecto dulce y romántico, conservan toda su autoridad y pueden volverse crueles con sus criados, cuando montan en cólera, recurriendo incluso al uso de la violencia contra ellos. Detentan una gestualidad a la vez clásica y amaneradamente barroca. Ellos están entrenados en la esgrima, pero nunca acaban de sacar la espada. Ellas están educadas en la danza clásica y en el canto, parecen vivir en un mundo al margen de la realidad y, cuando una situación les incomoda, fingen un desmayo. Pueden ser bastante superficiales, al mismo tiempo que reivindican sus utopías amorosas. Se complacen en recitar discursos nobles, aprendidos en la frecuente lectura de manuales de elegancia y gentileza comportamental. En su amaneramiento retórico se parodia el petrarquismo alambicado y a veces incluso algo pusilánime del amor caballeresco.

3. Repertorios de bromas y situaciones jocosas

Anteriormente se ha dicho que los actores de la comedia del arte no improvisaban al cien por cien, ya que contaban con repertorios escritos, los cuales, a modo de un inmenso muestrario de chistes y bromas, con algunos soliloquios más moralizantes, marcaban las pautas de la puesta en escena. Generalmente los actores se aprendían de memoria los chistes y los números preestablecidos, estos se repetían en casi todas las representaciones, casi automáticamente, encajándolos en las situaciones más adecuadas. Por lo tanto, en la comedía del arte se asistía a una continua repetición de formas burlescas fijas que se utilizaban según las necesidades cómicas de cada momento. El reconocimiento inmediato por parte del público de los *lazzi*, las situaciones y los chistes garantizaba el placer inmediato del público, quien reconocía y gozaba de lo ya conocido. Los actores contaban, por supuesto, con la ayuda de una especie de director, el *corago*. Este tenía la función de facilitarles la elección de las burlas, los chistes y los *lazzi*, según cada espectáculo. En cierto sentido podemos decir que cada una de estas acciones y sus respectivas escenas gozaban de una cierta independencia. Se trataba de escenas cómicas prácticamente autónomas que se repetían, con nuevas improvisaciones en vivo, en cada una de las representaciones.

4. Profesionalidad de los actores de la comedia del arte

Una de las principales novedades de este género cómico reside en la profesionalidad de los actores. Son actores que hacen del teatro su oficio, son artesanos y artistas de la comicidad popular. Viven de su trabajo. Generalmente se reunían en compañías teatrales, junto con músicos, acróbatas, dibujantes...Las distintas compañías no formaban parte de las cortes ni vivían bajo el poder y las órdenes de un rico mecenas o de un príncipe. Vivían del dinero que obtenían de su trabajo, por eso los actores de la comedia del arte se dirigen a un público amplio y no solo al cortesano. Sus ingresos dependían de su éxito, de ahí su agudeza de ingenio para lograrlo.

Como ya sabemos, el primer documento que acredita la formación de una compañía de cómicos del arte está fechada en Padua en 1545. En 1575, en Nápoles, se encuentra otro documento que habla de la existencia de un grupo de actores provenientes de Siena. Como ya se ha dicho, una de las compañías más famosas fue la de Alberto Naselli, más conocida como Ganassa, uno de los primeros Arlequines, activo en Francia y en Ferrara entre 1568 y 1570. Esta compañía llegó hasta Madrid, Sevilla y Toledo y fue llamada para actuar ante Felipe II. Lope de Vega fue su gran admirador. El nombre de las principales compañías de la *commedia dell'arte* se toma de las academias literarias, filosóficas y artísticas del siglo XVII: la de los Celosos (de su oficio), la de los Confidentes, los Fieles, los Constantes, los Encendidos, lo que demuestra que estos cómicos conocían perfectamente cuál era el clima cultural de la Italia del *Seicento*.

5. El éxito de la *commedia dell'arte*

Ya se ha dicho que la *commedia dell'arte*, tras haber nacido en Italia, logró un enorme éxito en otros países europeos. En Italia, gran parte de sus aciertos cómicos llega hasta la reforma teatral de Carlo Goldoni, quien, en muchas de sus comedias, pero sobre todo en *El siervo de dos patronos*, reutiliza gran parte de la jocosidad de la comedia del arte.

En España, a partir de 1574, llega con fuerza desde Italia. La más famosa fue la compañía del *Zan Ganassa*, residente en el Corral de la Pacheca. Dicho actor, durante las fiestas del *Corpus* y en Año Nuevo actuaba para la Casa Real. Las compañías de este nuevo género tuvieron un gran éxito en España, debido a que mezclaban la comedia de enredo con una gran puesta en escena, en la que se incluían juegos, malabares y acrobacias, disparatados combates de esgrima y unos personajes arquetípicos. La influencia de la *commedia dell'arte* está presente en Lope de Rueda, Lope de Vega y Cervantes.

En Francia la comedia del arte también gozó de una gran popularidad y éxito. Se le llamó primero comedia parisina y en seguida pasó a ser conocida como la compañía de los comediantes del rey y como la comedia de los italianos. Los monarcas franceses protegieron a los cómicos del arte y a ellos les fueron otorgados innumerables favores. En el siglo XVII, muchos actores de las compañías italianas establecen su sede central en París. Su influencia cultural en la capital francesa fue decisiva, hasta el punto de que el actor italiano Tiberio Fiorillo fue uno de los maestros cómicos del mismo Moliére. La estrecha relación entre Moliére y la comedia del arte es innegable. El lazo de unión entre el gran autor francés y la comedia del arte perduró hasta el estallido de la Revolución francesa. Las compañías italianas de los cómicos del arte comparten espacio escénico con las francesas, hasta el punto de representar sus obras en lengua italiana.

En Rusia se ha documentado también la presencia de la comedia italiana, desde 1733, llegó a hacerse muy popular en Moscú y San Petersburgo a finales del siglo XVIII. Se trataba no obstante de la versión francesa, acaparada, por tanto, por el taciturno Pierrot, más afín a la sensibilidad rusa que los tipos originales italianos. La llegada al poder, en 1796, del zar Pablo marcó el declive de la comedia del arte en tierras rusas, coincidiendo con su práctica desaparición en la propia Italia. No obstante, el interés demostrado por dramaturgos, actores y pintores rusos, a principios del siglo XX, resucitó muchos de los esquemas básicos de la *commedia dell'arte*. Así se percibe en la puesta en escena de Meyerhold[1], donde el actor, director e innovador ruso encarnó el papel de Pierrot.

---

[1] Vsévolod Emílievich Meyerhold (1874-1940) fue un director teatral, actor y teórico ruso, impulsor de la biomecánica teatral. Stanislavski eligió a Meyerhold como actor y se incorporó rápidamente a los ensayos dirigidos por este. Adaptó las tradiciones de la comedia del arte a la nueva realidad del teatro contemporáneo. En su libro *Sobre teatro* (1913) elaboró el concepto de teatro condicional. El 7 de noviembre de 1918, en el Teatro del Drama Musical de Moscú, dirigió con escenografía de Kasimir Malevich, la obra de Vladimir Maiakovsky (1893-1930) *Misterio bufo*.

6. Colecciones y publicaciones de los materiales escénicos de la *commedia dell'arte*

En Italia se debe recordar la recopilación del actor Flaminio Scala, quien publicó en 1611 *Il teatro delle favole rappresentative: overo La ricreatione comica, boscareccia, e tragica*, que cuenta con cincuenta *scenari*; la de Basilio Locatelli, conservada en la Biblioteca Casanatense de Roma, que contiene ciento tres (1618-22); la del cardenal y duque Maurizio di Savoia, la de la Biblioteca Corsini di Roma, con ciento *scenari*, ilustrados con acuarelas (1621-1642). Esta se descubrió en 1885. Destaca también el catálogo de la Biblioteca Nacional de Nápoles, con ciento ochenta y tres *scenari* de finales del siglo XVII, otorgados principalmente al personaje de Pulcinella. Benedetto Croce descubrió estos catálogos y los donó a la Nacional de Nápoles. Otra recopilación de cuarenta y ocho *scenari* ha sido descubierta también recientemente en la Casanatense de Roma; una de cincuenta y uno se encuentra en el Museo cívico de Venecia, otra de nueve, en la Biblioteca Barberini del Vaticano. Veinte y dos *scenari* fueron publicados por Francesco Adriani en 1734 y después por Adolfo Bartoli en 1880. Existen publicaciones de catálogos en La Ópera de París, escritos por el Arlequín Domenico Biancolelli y traducidos al francés en el siglo XVII. En San Petersburgo se conserva una colección de treinta y un *scenari*, traducidos al ruso (1733-1735) y publicados en 1917. Hay además muchos catálogos dispersos en distintas Bibliotecas de Europa. Actualmente, a partir de 2006, contamos con una importante selección de materiales escénicos de los cómicos del arte, traducidos al español por Ana Isabel Fernández Balbuena (2006: LXXVII-LXXIX).

7. La *commedia dell'arte* en la contemporaneidad

Para terminar, debemos decir que la *commedia dell'arte* abre indudablemente la puerta al teatro moderno y contemporáneo, como se verá en el siguiente capítulo dedicado a Carlo Goldoni, fundador del teatro nacional italiano. Este es el dramaturgo que da consistencia y estructuración dramática a la comedia moderna italiana. Ya en el siglo XX, debemos recordar que la tradición de la *commedia dell'arte* es inseparable de la práctica escénica y actorial de Eduardo De Filippo y de Dario Fo. Este, en sus múltiples creaciones teatrales, ha reconocido su débito a los cómicos del arte. Gran parte de la genial actuación de los cómicos italianos y de las exitosas comedias cinematográficas del siglo XX deben su éxito a la *commedia dell'arte*. Piénsese en actores como Totò o Roberto Benigni.

A finales del *Novecento*, la *commedia dell'arte* perdura en cierta manera en el teatro independiente y en el cine burlesco. El *happening* norteamericano y el *Living Theatre* toman elementos de esta, sobre todo su modelo teatral, basado en la recuperación del gesto, en la improvisación, en el trabajo del actor y del conjunto del colectivo. La comedia del arte también ha influido en España en actores como Albert Boadella, del grupo de mimo Tricicle, y en los franceses Jacques Copeau y Jean-Louis Barrault. Debe recordarse además que, en los orígenes del cine, en la época del cine mudo, los actores cinematográficos volvieron a basar su gestualidad en los recursos cómicos de la *commedia dell'arte* y en sus célebres *lazzi*; por ejemplo, Charlie Chaplin «Charlot» y Buster Keaton o el Gordo y el Flaco, por citar algunos de los más conocidos.

BIBLIOGRAFÍA

Bibliografía primaria
Fernández Valbuena, A. I. (2006): *La Comedia del Arte, materiales escénicos*, Madrid, Fundamentos.
Herrero, S. (2022): *Rodomontadas Castellanas Completas*, Madrid, Libros de Resistencia.

Bibliografía secundaria
Apollonio, M. (1982): *Storia della Commedia dell'Arte*, Florencia, Sansoni.
Beltrán, G. (2011): *Carlo Goldoni y la* commedia dell'arte. *Principales personajes de la* commedia dell'arte, Caixa Escena, Obra social la Caixa, Carlo Goldoni y la commedia dell'arte. https://www.ies.galileo.com. [consultado el 11/11/2022].
Carandini, S. (1990): *Teatro e spettacolo nel Seicento*, Roma, Laterza.
Ferrone, S. (1993): *Attori Mercanti Corsari. La Commedia dell'Arte in Europa Tra Cinque e Seicento*, Turín, Einaudi.
Ferroni, G. (1992): *Profilo storico della letterarura italiana*, vol. I, Milán, Einaudi Scuola.
Fo, D. (2009): *Manual minimo dell'attore*, Turín, Einaudi.
García García, B. - Sanz Ayán, C. (1995): «El "oficio de representar" en España y la influencia de la comedia del arte», *Cuadernos de Historia Moderna*, 16, pp. 475-500.
Gómez García, M. (1997): *Diccionario del teatro*, Madrid, Akal.
Huerta Calvo, J. (1989): *Formas carnavalescas en el arte y la literatura*, Barcelona, Serbal.
Molinari, C. (1985): *La Commedia dell'Arte*, Milán, Mondadori.
Oliva, C. (1997): *Historia básica del arte escénico*, Madrid, Cátedra.

Tessari, R. (1981): *Commedia dell'Arte: la maschera e l'ombra*, Milán, Mursia.

Vélez Saiz, J. (2000): «El *Recueil Fossard*, la compañía de los Gelosi y la génesis de *Don Quijote*», en *Cervantes: Bulletin of the Cervantes Society of America*, vol. 20, 2, pp. 31-52.

Zorzi, L. (1990): *L'attore, la Commedia, il dramaturgo*, Turín, Einaudi.

La revolución dramática de Carlo Goldoni

1. CARLO GOLDONI Y LA NUEVA COMEDIA ITALIANA

Carlo Goldoni (Venecia, 1707 - París 1793) fue un comediógrafo, dramaturgo y abogado italiano, cuya principal actividad dramática estuvo asociada a la vida y a las costumbres de la República de Venecia. Escribió en
torno a doscientas obras, tragedias, tragicomedias, comedias, fundamentalmente, e incluso melodramas. Goldoni es considerado el padre de la
moderna comedia italiana. Con su reforma teatral cambió la perspectiva
dramática en Italia.

Aunque estudió Derecho, su vida y su afición fue siempre el teatro.
Hizo su debut en la ciudad véneta de Feltre, en 1730, con tres *intermezzi*
escritos y pensados para el Carnaval: *El buen padre, El buen viejo* (perdido)
y *La cantante*. Con la repentina muerte de su padre, en 1731, se vio obligado a volver a Venecia y hacerse cargo de su familia. En la Universidad de
Padua terminó sus estudios de abogado.

A partir de 1734 empieza a componer para el teatro San Samuele de
Venecia. Para la compañía de dicho teatro escribió en 1738 sus dos primeras comedias. Entre 1744 y 1748 vivió en Toscana, en concreto en Pisa,
ejerciendo su profesión de abogado, pero allí siguió componiendo comedias, entre otras, la que ahora nos ocupa: *El servidor de dos patronos o dos
amos*, a partir de 1947, más conocida como *Arlequín, servidor de dos amos*,
debido a la puesta en escena de Giorgio Strehler.

En1748 regresó a Venecia y hasta 1753 escribió para la compañía
Medebach varias piezas cómicas en las que ya se aleja por completo de los
esquemas de *commedia dell'arte*: a partir de este momento da comienzo su
reforma teatral. A este periodo, muy prolijo, pertenece su famosa comedia
La familia del anticuario, realizada para el Carnaval de 1750 y publicada
en 1752. En este periodo emerge su dura diatriba contra su rival, el abad
Pietro Chiari. Es un momento de férvida actividad creativa, en 1750 compone más de dieciséis comedias, debido a la apuesta que mantuvo con su
público y con el empresario teatral: Medebach. Entre ellas destacan: *El teatro cómico*, el primer ejemplo importante del teatro dentro del teatro y ver-

dadero manifiesto poético de su reforma teatral; *Las mujeres quisquillosas,*
La tienda del café, El mentiroso, El adulador, La Pamela, por citar algunas.
Para la compañía Medebach compuso su famosísima comedia *La posadera*
y también *Las mujeres curiosas.*

Tras su relación con Medebach, Goldoni entra en 1753 a formar parte
de la compañía del teatro San Luca, propiedad de Vendramin. Se inicia
un periodo difícil para su actividad de dramaturgo, ya que se ve obligado
a adaptar sus obras a las dimensiones del nuevo escenario, mucho más
espacioso, y tiene que ganarse además a unos actores nuevos, absolutamente alejados de los modelos actorales de la *commedia dell'arte* y a ellos
reacios. En este periodo escribe tragicomedias, pero, sin lugar a duda, su
gran comedia es *La plazoleta (Il campiello),* escrita para los carnavales de
1756. Para el teatro *San Luca,* antes de su viaje a París, compuso *I rusteghi*
(*Los rústicos*) (1760), *Le smanie della villeggiatura* (*Los afanes del veraneo*)
(1761), *Le baruffe chiozzotte* (*La Trifulca en Chioggia*) (1762), escrita en
veneciano, y *Una delle ultime sere di carnovale* (*Una de las últimas tardes de
carnaval*) (1762).

Una vez en París, a partir de 1762 se vio obligado a defender su reforma
teatral y convencer al público francés, que identificaba el teatro italiano
solo con la comedia del arte, de la existencia de otras formas dramáticas
en Italia. Goldoni enseñó italiano a la hija del rey de Francia, Luis XV y,
posteriormente, a las hermanas del futuro Luis XVI, en Versalles. Por sus
enseñanzas obtuvo una pensión de la corte, en 1769. Entre 1771 y 1772
escribió dos obras en francés, *Le bourru bienfaisant* y *L'avare fastueux,* y
entre 1784 y 1787 su autobiografía, *Mémoires.* Con la llegada de la revolución francesa su vida se complicó enormemente. Le fue retirada la pensión
y murió, en París, en 1793, en la más absoluta pobreza.

Su comedia *El servidor de dos patronos* representa, como veremos a continuación, el punto de intersección entre los personajes tipo, los recursos
escénicos y cómicos de la *commedia dell'arte* y la nueva concepción teatral
del autor.

2. Origen de la máscara de Arlequín, en italiano *Arlecchino*
Como ya sabemos, la máscara de Arlequín proviene de la contamina-
ción de dos tradiciones cómicas, el *zanni,* el criado bufón e histriónico,
procedente, principalmente, de la provincia de Bérgamo, por un lado, y
de los personajes diablescos de las farsas y de los *fabliaux* de la tradición
popular francesa. El éxito teatral de la máscara del criado, muy cercano a
Arlecchino, nace como tal en la segunda mitad del siglo XVI, con el actor

de origen bergamasco Alberto Naselli, conocido como Zan Ganassa[1]. Él exporta la comedia del arte (Comedia de los oficios) a España y a Francia. Pero es sin duda el actor de mantua, Tristano Martinelli, quien, entre finales del siglo XVI y principios del XVII, contribuyó a su fama internacional. Con su muerte, ya no queda específicamente identificada la máscara a un actor determinado.

El origen de la máscara es, sin embargo, muy antiguo, está ligado a los ritos agrícolas y de hecho el nombre de Arlequín, Arlecchino en italiano, es el nombre de un demonio ctónico[2]. Herlequin o Hellequin es un diablo que guía los cortejos fúnebres hacia el infierno. Dante en la *Divina Comedia* nos habla de un tal Alichino, miembro de los Malebranche, el conjunto de demonios que dirige, en el canto vigesimosegundo, el quinto círculo infernal, cuyo aspecto grotesco está directamente emparentado con la figura medieval de Arlequín. De esa visión grotesca, carnavalesca e infernal proviene la máscara de los siglos XVI-XVII. Como ya sabemos, un círculo negro alrededor de la boca enmarca su risa maligna y amoral, con una especie de cuerno en su lado izquierdo. En opinión de Dario Fo (Fo, 2019: 17-35), el *Arlecchino* medieval, ligado a la tradición juglaresca, es un salvaje, un antisistema; sus bromas y sus acciones están siempre ligadas al mundo de lo soez, de lo irreverente, de lo vulgar, de lo corporal y de lo carnal, al comer, a lo escatológico, a lo grotesco en general. Inicialmente Arlecchino, en cuanto que figura ctónica, iba vestido como un Silvano. Era un ser del bosque, mitad humano, mitad animal.

De hecho, en la tradición teatral italiana hay que esperar a Carlo Goldoni para ver los rombos en su vestimenta y para que este se convierta en un real criado, antes era solo un ser soez, provocador y burlón. En realidad, incluso en la obra de Goldoni el personaje de Truffaldino-Arlecchino conserva aún gran parte de los comportamientos anteriores a su reconducción teatral. Es cierto que el Arlequín goldoniano no es soez ni vulgar

---

[1] La escenificación de la figura del criado tontorrón influyó en la figura del gracioso de la comedia española de los siglos de oro.

[2] La raíz del nombre es sin duda germánica: *Hölle König* (rey del infierno), después pasa a *Hellekin* y a *Harlequin*, con una clara derivación infernal. La asociación del personaje mítico con el infierno corresponde sin duda a una visión cristiana. Antes del cristianismo, la figura de *Harlequin* era una realidad mítica muy difundida en la Europa central y septentrional. El personaje diabólico recorría durante el otoño y el invierno el mundo, sobre todo durante la época de los ritos mortuorios, dirigiendo su cabalgata de muertos hacia el infierno.

(idea constante del autor, en la que cifra gran parte de su reforma), pero su preocupación por la comida marca casi toda su trayectoria caracterial, en la inmensa mayoría de la comedia. Truffaldino[3], como se le llamó al principio, conserva además muchas notas del pícaro, del loco, del bribón rebelde y del guasón. Sus engaños, sus juegos dobles, los equívocos y las mentiras del personaje están, a pesar de la transformación teatral realizada por parte del dramaturgo italiano, directamente emparentados con los *lazzi* de la comedia del arte y con el quehacer del *fool* o del *clown*[4].

3. *EL SERVIDOR DE DOS PATRONOS* (1745/1753)

Esta obra de Carlo Goldoni no es, fuera de Italia, de las más conocidas, pero es importante, sin embargo, porque representa un paso definitivo en la reforma de su teatro. En 1738, el autor ya había escrito por entero la parte de la comedia dedicada al protagonista de su obra *Momolo cortesano*. En 1743 había compuesto también *La donna di garbo* (*La mujer con gracia*).

En la primera versión de *El servidor de dos patronos o dos amos* (1745), aún se mantiene, sin embargo, una relación directa con los personajes de la comedia del arte. En esta primera versión, Goldoni solo fija por escrito las partes serias de la obra. Solo en 1753 la escribe en su totalidad, estructurándola en tres actos, para llevar a los actores por «el camino recto». De esta manera les quita un claro protagonismo, porque limita su libertad solo a la improvisación de los *lazzi*. Es decir, Goldoni, aun rindiendo tributo a la comicidad espectacular de la comedia del arte y a la figura de Arlecchino, está poniendo ya sobre el papel la importancia de su reforma teatral. Esta se basaba, principalmente, en los siguientes puntos:

---

[3] El nombre de Truffaldino proviene del verbo italiano *truffare*, cuyo significado es engañar.

[4] Los payasos o *clowns* provienen de la comedia del arte, se instauran posteriormente en todo el teatro popular de Occidente. El cine mudo, Max Linder, el Gordo y el Flaco, Charlot usan sus recursos. Él, como Cantinflas, es un personaje humilde, inocente, tonto y astuto a la vez. En realidad, la misma duplicidad del personaje cómico se encuentra en toda la tradición de la comedia italiana de una forma más que evidente. Como ya hemos visto y como veremos más tarde, el mismo Eduardo De Filippo es un *Pulcinella*, por su procedencia napolitana, y en él y en sus personajes encontramos muchos de los trucos cómicos de los protagonistas humildes de la comedia del arte, pero pasados por la reflexión del humorismo de base pirandelliana y por su profunda sensibilidad para la comprensión de las contradicciones del alma humana.

1. Preminencia del texto escrito con respecto a la improvisación actorial, propia de la comedia del arte.
2. Mayor protagonismo del autor en la obra, con respecto a la improvisación y genialidad del actor de la tradición cómica precedente.
3. Cercanía dramática con respecto a los modelos racionales, más cercanos a la poética de la Arcadia y del clasicismo italiano.
4. Creación de un personaje real, con interioridad psicológica y verosimilitud social y antropológica.
5. Creación de un teatro realista que refleje directamente la relación con el mundo del autor y con su momento.
6. Aleccionamiento pragmático, a través de sus obras, en relación a los modelos de la nueva sociedad burguesa y búsqueda de enseñanza real para una vida de inteligencia y de libertad individual.

4. Génesis textual del *Servidor de dos patronos*

La comedia nace del largo periodo que el autor pasó en Pisa (1745-1748). En un principio, Goldoni empieza a fijar el texto de la comedia por escrito, empujado por el actor Antonio Sacchi, ya muy conocido por su interpretación de Truffaldino. Para el lucimiento de Sacchi, el autor veneciano ya había compuesto *Las treinta y dos desgracias de Arlequín* (*Le trentadue disgrazie di Arlecchino*) y *Ciento cuatro percances en una noche sola* (*I cento e quattro accidenti in una notte*). Pero hay que recordar que la deuda principal de Goldoni en la creación de *El servidor de dos patronos* está en la obra de Jean Pierre des Ours de Mandajors: *Arlequin valet de deus maîtres* de 1718. Sacchi mandó con toda probabilidad al autor italiano la comedia francesa, en su segunda edición para el *Nouveau Théâtre Italien*.

La trama de los amores contrastados y del matrimonio doble (triple en la comedia italiana), la centralidad de Arlequín, que sirve a la vez a dos señores, es prácticamente idéntica en ambas obras. Pero el mayor número de personajes de la comedia goldoniana y sobre todo el suspense, mantenido a través del *travestimento* masculino de Beatrice[5], disfrazada de su propio hermano Federico[6], muerto en duelo, no solo complican la acción de la comedia, sino que recrean, además, a través de miles de equívocos y juegos dobles, en algunos momentos casi circenses, la diversión del espectáculo,

---

[5] Se mantienen los nombres de los personajes en italiano, porque no se ha trabajado sobre la versión española, dado que no hay una de referencia reciente.
[6] Las protagonistas disfrazadas de hombres constituyen una tradición cómica ya presente desde Plauto.

en el que, como en casi todas las obras goldonianas, se reduplica el protagonismo de las mujeres[7]. Por otra parte, en la comedia francesa Arlequín aca-
baba de mala manera, como siervo de un solo patrón. En el texto italiano,
sin embargo, Truffaldino/Arlecchino sale airoso de todos sus enredos,
porque gracias a él y a su doble tarea de criado de dos señores diferentes
se puede descubrir la verdadera identidad de Beatrice y, por tanto, ponerla
en contacto con Florindo, su enamorado. El personaje de Truffaldino es
sin duda más complejo que el Arlequín de Mandajors y manifiesta ya su
doble naturaleza contradictoria. Es astuto y tonto a la vez como nos dice el
mismo autor en el prólogo a la comedia. Se observa ya en *El servidor de dos
amos* la posición ilustrada, de base popular, de Carlo Goldoni[8].

En 1761, el dramaturgo veneciano fija definitivamente el texto (es la versión que se usa a partir del siglo xx) y en el 62 vuelve a hacer otra nueva,
versión puramente escénica, con el mismo título de la obra francesa: *Arlequin valet de deus maîtres*, pero en cinco actos. Parece que el autor italiano,
residente en ese momento en París, quiere hacer creer que había escrito una
nueva obra, adaptándola a los gustos del público de la capital francesa.

5. LA IMPORTANCIA DEL *SERVIDOR DE DOS PATRONOS*

Para algunos críticos, el primer punto que cabe destacar en esta comedia es
que, gracias a la fijación por escrito de esta obra, Goldoni deja para la pos-
teridad el único texto completo que refleja la herencia directa del quehacer
teatral de la comedia del arte. Aunque el *canovaccio* de la versión del 45 se
haya perdido, gracias a la versión del 53 es posible reconstruir muchos de
los residuos escénicos de la tradición de los cómicos del arte, muy presente
en esta pieza.

Estamos ante una comedia *goiosa*, como el mismo Goldoni la define en
su introducción: *L'autore a chi legge* (*El autor a quien lo lee*) (Goldoni, 1969:
1), una obrita jocosa que sigue la línea tradicional de la espectacularidad histriónica de toda la tradición cómica occidental precedente y en particular de

---

[7] Los parlamentos entre Beatrice y Clarice en la escena xx del acto I (Goldoni, 1969:
37-39) y el monólogo de Smeraldina (Goldoni, 1969: 49-50), en defensa de las mujeres, correspondiente a la escena octava del segundo acto, son buena prueba de ello.

[8] Hay que recordar que la figura de Pantalone, en el caso francés, sufre una paliza por
parte de Arlequín, que lo cree un barbero. Por el contrario, en la obra italiana Pantalone es un personaje ya reformado, y de la vejez avara y libidinosa de la máscara tradicional de la comedia del arte pasa a ser un mercante veneciano, respetable. Pantalone
representa el sentido burgués de la nueva sociedad del xviii.

la comedia del arte. El autor la escribe en Pisa, donde ejercía de abogado, por puro entretenimiento. Su finalidad pragmática es, pues, fundamentalmente, la pura diversión; no hay en ella, en primera estancia, ninguna pretensión educativa o edificante. Goldoni mantiene además las máscaras de la comedia del arte: Pantalone, el viejo veneciano, rico mercante, con la perilla y la capa negra, el Dottore, un anciano honorable, de origen boloñés, médico o jurista, vestido con su toga. En *El servidor de dos amos o de dos patronos*, estos dos personajes son, en contraposición a los arquetipos de la comedia del arte, unos ancianos respetables y sensatos, padres de Clarice y Silvio, respectivamente, la primera pareja de enamorados. Pantalone sigue hablando en veneciano, pero el Dottore lo hace ya en italiano y no en boloñés, aunque en algunas ocasiones hace uso del latín para demostrar su alta cultura.

Entre los servidores se mantiene a Brighella, el criado astuto de los ricos y grandes señores, también de Bérgamo. Pero es importante resaltar que en la obra de Goldoni este no es ya un mero criado, sino un posadero; es decir, un burgués de rango inferior. Pero la caracterización de mayor importancia de la comedia de Goldoni reside en el enorme protagonismo a Arlecchino/ Truffaldino, quien deja de ser solo el criado tonto, para convertirse en un hombre de gran ingenio y de enorme capacidad resolutoria. Él continúa hablando en bergamasco, como Brighella. Se mantiene en la comedia goldoniana, como criada, a Smeraldina, quien al final se casa con Arlecchino[9]. Ella habla en italiano y, con su desparpajo y simpatía, anticipa los rasgos de la Mirandolina de *La posadera*.

Los *lazzi*, la gestualidad, las peleas simpáticas y bufonescas, propias de los cómicos del arte, se mantienen vivos en el mundo de los criados de la obra; de casi todas ellas es responsable Arlecchino. Como en la comedia del arte, siguiendo la tradición plautina, se mantiene aquí también la doble pareja de enamorados, Clarice-Silvio, por un lado, y Beatrice (disfrazada de su hermano Federico)-Florindo, por otro. Estos hablan en florentino-toscano[10], pero Goldoni insiste en parodiar, en cierta forma, su italiano,

---

[9] La escena decimoséptima del acto II, en la que Arlecchino declara su amor a Smeraldina (Goldoni, 1969: 65-69), mediante el truco de la carta y su incapacidad para leerla (se resalta en toda la comedia la condición de analfabetos de los criados), es una de las más divertidas. Está llena de comicidad y de ternura. Arlecchino muestra aquí su timidez y su ingenuidad, hecho que contribuye a acercarlo aún más al público.
[10] Recuérdese que el florentino-toscano es hasta después de la unidad de Italia (1861) la lengua de los cortesanos y de los intelectuales. La burguesía y el pueblo llano hablaban solo sus respectivos dialectos y eran analfabetos, como Truffaldino, hecho que

demasiado refinado e incluso manido, un fiel reflejo de toda la tradición melodramática de base petrarquista, puesta aún más de moda en aquel momento por Metastasio[11]. El duelo entre Silvio y Beatrice (escena cuarta del segundo acto) (Goldoni, 1969: 46-47), disfrazada esta de Federico, nos lleva incluso hasta la tradición de los poemas caballerescos italianos y en concreto al personaje de Bradamente en lucha con Ruggero, de *Orlando Furioso* de Ariosto, o a la lucha entre Clorinda y Tancredi de la *Jerusalén Liberada* de Tasso, posteriormente presente en uno de los madrigales *Guerreros y amorosos* de Monteverdi.

Pero sin duda el paso más importante que da Goldoni en esta obra es dotar de personalidad propia a sus personajes. Estos gozan de una identidad que evoluciona en el escenario. Sobre todo, los criados y las mujeres[12] reclaman sus derechos como personas, incluso Arlequín reclama respeto como criado y se defiende de los malos tratos de los señores. El Arlecchino goldoniano es, claramente, más humano que la máscara de la comedia del arte. Aparte del hambre y de su continua gula, se enamora de Smeraldina, y es capaz de agasajarla con su simpatía y de casarse con ella. Algunos críticos han visto en su conducta un precedente de los ideales de la Revolución, como en el momento en el que rompe la letra de cambio de Beatrice y la hace pedazos, en el final de la duodécima escena del acto II, o cuando da lecciones a Brighella sobre la disposición de los platos en la mesa, y para demostrar su distribución hace pedazos la letra de cambio.

6. Arlecchino o Truffaldino

El título de *Arlequín, servidor de dos amos*, aparece como tal en 1947, con la puesta en escena del *Piccolo Teatro di Milano*, bajo la dirección de Giorgio Strehler[13], con el famoso actor Marcello Moretti, el primer *Arlecchino*

---

contribuye al enredo y a la confusión de las cartas de sus dos amos. El lío producido por las cartas está presente también en el acto I, escena decimotercera y decimocuarta (Goldoni, 1969: 28-32) y en cierta manera se repite de nuevo, cuando Truffaldino/Arlecchino da el diario de Florindo a Beatrice-Federico, tras la confusión de los baúles, en la escena tercera del acto III (79-80).

[11] Pietro Metastasio (Roma 1698 - Viena 1782) fue un escritor, poeta y autor de melodramas. En sus libretos de ópera se encuentra la mejor expresión de la corriente arcádica, que predominó en la lírica neoclásica italiana. Sus libretos fueron musicados por compositores como Vivaldi, Haendel, Gluck, Meyerbeer, Traetta y Mozart.

[12] Beatrice es la protagonista del mundo de los señores. Ella ya representa al nuevo tipo de mujer fuerte y decidida, tan presente en el teatro de Goldoni.

[13] El *Piccolo di Milano* se inaugura como compañía teatral en mayo de 1947, bajo la

del *Piccolo*; dada su temprana desaparición, sustituido por Ferruccio Soleri.

Para Strehler la puesta en escena de esta comedia representó un verdadero desafío, porque retoma la comicidad pura de la antigua comedia popular italiana, para él símbolo y esencia de la teatralidad. En cierta manera se puede decir que Strehler vuelve a la esencia del 'oficio de actor', asociada a su dimensión lúdica y puramente cómica, muy necesaria en la Italia de la inmediata postguerra. Con el personaje de Arlequín, el director escénico italiano quiere devolver al público la felicidad de la vida. El *Arlecchino* de Strehler quiere ser un espectáculo popular, típicamente italiano, libre de cualquier pretensión intelectual; una comedia para el gran público que devuelva a los italianos al quehacer de la comedia del arte y a sus más fructíferas raíces de espectacularidad y de diversión.

A Strehler le interesaba fundamentalmente aumentar el ritmo trepidante de la comedia goldoniana. Y para ello, aunque en general respetó fielmente el texto, introdujo, sin embargo, algunas variaciones mínimas para lograr una evidente mejora de su recepción. Strehler cambió el nombre de Truffaldino y adoptó el de Arlecchino, como homenaje a Max Reinhart[14] y a su versión de la comedia goldoniana de 1924.

7. Momentos centrales del personaje de Truffaldino/Arlecchino en *El servidor de dos patronos*

La comedia de Goldoni tiene un claro protagonista: Truffaldino/Arlecchino. Todos los momentos centrales de la comedia están determinados por sus intervenciones lingüísticas o por su espectacular intervención cómica. Ya desde el principio, en la escena segunda del primer acto, el protagonista interviene por primera vez para anunciar el enredo que dará lugar a toda la acción dramática: Federico Rasponi, prometido de Clarice, y muerto en duelo, es anunciado por Truffaldino/Arlecchino (su criado)

---

dirección de Paolo Grassi, Nina Vinchi y Giorgio Strehler, y para el cierre de la temporada de ese mismo año, en julio, Strehler lleva a escena su versión de esta obra goldoniana.

[14] Max Reinhardt (nacido Maximilian Goldman, Baden, Austria, 1873 - Nueva York, 1943) fue un productor cinematográfico y director de teatro y cine que tuvo una importancia vital en la renovación del teatro moderno. Fue miembro fundador, junto con Richard Strauss y Hugo von Hofmannsthal, del Festival de Salzburgo en 1920. En 1924 llevó a los festivales la obra de Goldoni, añadiendo al título original el nombre de Arlecchino.

a esta, a su enamorado Silvio, a Pantalone, padre de Clarice y al Dottore, padre de Silvio: «¡Oh, esta es buena! Mi patrón es el señor Federigo Rasponi, turinés, que os saluda y os manda sus respetos, que ha venido a posta a veros y que está esperando ahí abajo y que me manda deciros que querría pasar a vuestra casa y que espera vuestra respuesta. ¿Os quedáis contento? ¿Queréis saber algo más? (*a Pantalone. Todos muestran su gran admiración*) Volvamos a nues...» (*a Smeraldina, como antes*) (Goldoni, 1969: 9)[15].

Con la aparición del 'fantasma', hecha por Arlecchino, se tambalea el inminente matrimonio entre Clarice y Silvio. En esta escena, él mismo se presenta: «Y si vos queréis saber quién soy, yo soy Truffaldin Batocchio, del valle de Bergamo» (9). Es a continuación cuando los padres de los enamorados definen la doble y contradictoria personalidad del protagonista: un listo o un loco a la vez. Y, partir de este momento, Arlecchino estará presente en la mayor parte de las escenas de los tres actos de la comedia[16].

En la escena tercera conocemos a Beatrice (11-14), la segunda protagonista, disfrazada de su hermano Federico, realmente muerto en Turín y señor/a de Truffaldino, solo reconocida por Brighella, dueño de la posada, donde se alojan tanto Beatrice como su enamorado Florindo. Desde este momento el personaje de Arlequín queda, estructuralmente, fijado como la pieza conectiva básica entre el mundo de los señores y el de los criados; a él, a sus engaños, líos y juegos corresponderá revelar la secreta identidad de Federico/Beatrice, poniéndola así en conexión con Florindo, segundo señor de Arlecchino. Este hace aparición en la escena séptima del acto I (19-20). Es decir, Arlecchino es el pilar del *intreccio* cómico y de los enredos amorosos entre las dos parejas. Gracias a su actuación loca, bufonesca y espectacular, puede mantenerse el suspense y la tensión cómica de toda la obra y, como ya hemos dicho, resolverse el enredo y el laberinto de identidades y de amores entrecruzados.

---

[15] La traducción es mía. Las versiones en español de esta obra no son nada fieles al texto goldoniano, dada su dificultad lingüística. Muchos de los personajes, como ya se ha dicho, hablan dialecto, Pantalone lo hace en veneciano, y Brighella y Truffaldino en bergamasco.

[16] En el acto I hace aparición en trece de las veinte escenas. En el acto II está presente en nueve escenas de las veinte. Cierra el acto con la afirmación de que, al ser servidor de dos amos, de los dos recibe palizas. En el III, compuesto solo por diecisiete escenas, hace aparición en diez de ellas. También en este caso cierra el acto y, por tanto, la comedia. En su última intervención se declara el responsable de la victoria del amor entre Beatrice y Florindo, y de la consiguiente confirmación de la muerte de Federico y, en consecuencia, del matrimonio ente Clarice y Silvio.

El espectador, como en muchas obras populares, sabe desde el principio la verdadera identidad de Beatrice-Federico, ya que en la escena quinta del acto I (Goldoni, 1969: 17-18) Brighella la reconoce. Pero no así el resto de los personajes, hecho que incrementa considerablemente el placer receptivo. El entramado de enredos se complica a través de Arlecchino y Beatrice-Florindo, porque no llegan a la agnición hasta prácticamente el final de la obra, en las escenas sexta y séptima del acto III, hecho que contribuye a la expectación y a la hilaridad hasta el final de la comedia.

Los momentos centrales de la actuación de Truffaldino están ligados a sus mentiras y engaños, casi siempre encaminados a la obtención del dinero y de la comida, o para evitar las consecuencias de sus malas acciones, por parte de los señores. Para remediar su triste condición de siervo, Truffaldino usará su ingenio y su labia; a tal fin servirá a dos patrones al mismo tiempo. Como sabemos estos son Beatrice y Florindo, dos turineses que han huido a Venecia tras la muerte de Federico Rasponi, hermano de Beatrice y prometido de Clarice, por mero interés económico, ya que esta está enamorada de Silvio. Disfrazada de hombre, Beatrice viaja a Venecia tras su amado Florindo, quien se había visto obligado a dejar Turín por estar envuelto en la muerte de Federico.

Entre las escenas de mayor comicidad que sitúan a Arlecchino en el centro de la obra cabe destacar las decimotercera y decimocuarta del acto I (Goldoni, 1969: 28-32), en las que empiezan los líos. Es la primera vez que este intercambia las cartas entre Beatrice y Florindo; Arlecchino se inventa, por primera vez, a la figura de Pasquale, el otro criado; es decir, su doble[17]. En la decimocuarta, en su primera enunciación, afirma que quiere poner a prueba su habilidad y cierra la carta destinada a Beatrice con un empaste de miga de pan, reblandecida con saliva (31). El lucimiento cómico es evidente. La repetición de las *gaffs* o *lazzo* de Arlecchino está en la base de la hilaridad ejercida por el personaje. Se fomenta así entre el público el placer, a través de la técnica de lo ya conocido. Se asiste a un giro de tuerca *in crescendo* con respecto a la astucia y a la capacidad de mentir del personaje principal. Por ejemplo, en la escena undécima del acto II (52-53), Goldoni vuelve a usar el motivo de la confusión de objetos o pertenencias entre Beatrice y Florindo. En esta ocasión se trata de dinero y de

---

[17] Como en buena parte de la tradición cómica popular, la duplicidad de base plautina es el eje central en torno al que gira toda la obra. Dos parejas de enamorados, dos padres, dos criados, también enamorados, y un solo servidor real: Arlecchino, y otro inventado: Pasquale.

letras de cambio. El *acme* de los enredos y embustes de Arlecchino tiene lugar en la escena II del acto III (74-76), en la que, al confundir los baúles de los enamorados, da a Florindo el retrato que él mismo había regalado a Beatrice y, al preguntar a Truffaldino/Arlecchino sobre el mismo, este confiesa la muerte de su anterior señor; es decir, de la protagonista.

La repetición de la misma técnica y del mismo motivo se da también en la siguiente escena del último acto (80). Beatrice recibe el libro de memorias de Florindo y las cartas que ella misma le había enviado. La respuesta de Arlecchino es de nuevo la muerte de su anterior patrón; es decir, de Florindo. Este hecho provoca el intento de suicidio de los dos enamorados. Estas repeticiones dotan de un ritmo rapidísimo a la obra y son sin duda la causa principal de la risa y la diversión del público[18]. Pero la audacia de Arlecchino y la capacidad cómica del actor-personaje va aún más lejos. En la novena escena del último acto (Goldoni, 1969: 86-89) intenta salvarse ante los dos señores (ya un señor y una señora) de su propio embrollo con la figura de Pasquale y con su gran cariño por él. En este momento la capacidad mímica y cómica de Arlecchino llega al máximo de su potencial. Todos sus líos se descubren con la petición de mano de Smeraldina. La comedia termina con el perdón al criado. A él se le concede el último turno de intervención:

> Señor, sí, yo he enredado las cosas con valor y con acierto. Me he empeñado en este lío sin pensarlo dos veces; yo he querido probar sus efectos. El enredo ha durado poco, es verdad, pero por lo menos tengo el placer de saber que nadie me habría descubierto, si yo no lo descubría, por amor de esta muchacha. Me ha costado mucho hacerlo, he cometido errores, sin duda, pero espero que, en razón de esta extravagante rareza, todos estos señores sabrán perdonarme[19] (Goldoni, 1969: 101).

8. ARLECCHINO EN EL *NOVECENTO*

Como ya se ha dicho en el capítulo precedente, la presencia de Arlecchino está viva en Europa y en Italia, tanto en música, en teatro como en pintura (baste solo citar el famoso Arlequín del primer Piccasso, ya completamente

---

[18] Adviértase que el acto primero consta de veintidós escenas, el segundo de veinte y el tercero y último solo de dieciséis, con una añadida sin numeración. Es decir, se asiste a una reducción progresiva en el número de escenas de cada acto, hecho que contribuye al ritmo rápido de la comedia.

[19] Todas las partes de la obra han sido traducidas por mí.

melancólico). En el teatro musical italiano de principio del xx, Arlecchino es una figura recurrente, aunque completamente metamorfoseada. Pero su originaria capacidad histriónica, de víctima patosa e inocente, dentro de la tradición cómica italiana, siguió viva en Eduardo De Filippo y en Totó[20], uno de los mejores actores cómicos del siglo xx italiano, heredero directo de Arlecchino. La figura de Arlequín es también decisiva en las *performances* de Dario Fo. El mismo Fo rindió homenaje a la originaria figura de la comedia del arte, junto a su mujer, Franca Rame, en 1985, con cuatro escenas que tienen como protagonista a Arlecchino[21]. Su representación tuvo lugar en la Biennale di Venezia, en el aniversario de los cuatrocientos años del nacimiento internacional de la máscara por parte del actor Tristano Martinelli.

Sin duda, muchos de los rasgos de la comicidad italiana del siglo xx están ligados a la figura de Arlecchino. El mismo Roberto Benigni es buena prueba de ello. En conclusión, podemos decir que los rasgos caracteriales básicos de Arlecchino siguen estando presentes en el mundo de la comedia italiana actual.

Bibliografía

Bibliografía primaria

Goldoni, C. (1969): *Il servitore di due padroni*, en *Opere*, G. F. Folena (a c. di), Milán, Mursia, pp. 1-101.

Bibliografía secundaria

Baratto, M. (2023): *Mondo e teatro nella poetica di Goldoni*, con prólogo de P. Puppa, ebook, Succedeoggi Libri.

Farrel, J. y Puppa, P. (2006): *A history of Italian Theatre*, Cambridge, Cambridge University Press.

Fo, D. y Rame, F. (2019): *Arlecchino. Dialoghi originali*, Milán, Guanda.

---

[20] Antonio De Curtis (Nápoles, 15 de febrero de 1898-Roma, 15 de abril de 1967) fue un actor, letrista, poeta y comediante italiano. Es considerado una de las figuras del espectáculo más importantes en la historia del cine internacional. El arte de Totó se desarrolló en todos los géneros teatrales, desde las variedades hasta la gran revista. Participó en noventa y siete películas, interpretadas entre los años 1937 y 1967 y participó en nueve telefilmes televisivos. Es considerado un icono cómico a la altura de Buster Keaton o Charles Chaplin.

[21] Estas se publican en 2019. Cfr. Bibliografía.

Pianca, V. (2023): *Genesi e crescita dell'importanza del personaggio femminile nelle commedie goldoniane*, Universität Klagenfurt. https://netlibrary. aau.at > download > pdf, 12 abr 2012, [consultado, el 10 de junio 2023].

Tessari, R. (2013): *La commedia dell'arte, genesi di una società dello spettacolo*, Roma, Laterza.

Torresani, S. (1990): *Invito alla lettura di Goldoni*, Milán, Mursia.

La *posadera* de Carlo Goldoni: un nuevo tipo de mujer

1. *La posadera* de Carlo Goldoni. Mirandolina, una mujer dueña de sus medios de producción y de su propia vida

La locandiera o *La posadera*[1], en español, es una comedia en tres actos, escrita por Carlo Goldoni entre 1751 y 1752, y puesta en escena en 1752-53, para los carnavales de Venecia. En ella es ya notable el logro absoluto de la caracterización dramática de los personajes, quienes de forma radicalmente opuesta a cuanto sucedía en la comedia del arte ya están definidos y perfilados psicológicamente en su totalidad. Con esta obra se consolida definitivamente la reforma del teatro goldoniano. El personaje de Mirandolina, siguiendo en principio los pasos de las 'criaditas'[2] de la *commedia dell'arte*, se convierte en una mujer de enjundia, que habla, como el resto de los personajes, solo en italiano.

Entre todas las obras de Carlo Goldoni, *La posadera* es quizás la más conocida, precisamente por la fuerza caracterial de la protagonista y por su revolucionario comportamiento. Mirandolina es independiente, fuerte, libre, decidida, aguda, inteligente, guapa, dueña de su destino y de su vida. Al ser una pequeña empresaria, tiene por principal objetivo el beneficio y el desarrollo de su negocio, y por eso sabe bandearse entre los cortejos seductores del Marqués de Forlipópolis (Forlipopoli) y el Conde de Albaflorida (Albafiorita) y domar la misoginia y el orgullo patriarcal del Caballero de Rocatallada (Ripafratta), al que hace rendirse, al final de la obra, ante sus encantos, logrando así vengarse de él. Para urdir su venganza con-

---

[1] En italiano, la palara *locanda* significa posada.
[2] En concreto la criadita era Corallina, la criada de la Compañía de Gerolamo Medebach, para la que durante mucho tiempo Goldoni compuso sus comedias. El compromiso que asumió el autor con esta compañía duró desde 1749 a 1753. Para ella escribió cuarenta comedias y todas se representaron en el Teatro Sant'Angelo de Venecia y en otros teatros de Italia, propiedad de Medebach. Gracias a esta colaboración entre el empresario y el dramaturgo, pudo llevarse a cabo su reforma teatral; entre sus cuarenta comedias para Medebach destaca sin lugar a dudas *La posadera*.

tra el Caballero y para su resistencia activa contra el Marqués y el Conde, son fundamentales las artes de la palabra y de la representación; es decir, el teatro y la teatralidad.

Podríamos decir, por tanto, que Mirandolina sabe usar a la perfección sus 'armas de mujer' contra el mundo patriarcal y sabe simular y hacer teatro. Como sucede en la escena XII del acto II: «MIRANDOLINA: Ahora sí que ha picado del todo. Muchas son las armas con las que vencemos a los hombres. Pero cuando son obstinados, el último golpe de efecto seguro es un desmayo. Ya vuelve, ya vuelve» (Goldoni, 1985: 113).

En consecuencia, hablar de *La posadera* es hablar de su protagonista, de su fuerza actorial y de su capacidad de representación. Mirandolina hace, pues, de directora y de actriz de su propia acción escénica[3] al mismo tiempo, y por ese motivo se dirige también frecuentemente al público, para hacerle partícipe y cómplice de su ficción y para explicarle en detalle su plan para combatir al enemigo de las mujeres. Son famosos sus monólogos, por ejemplo el primero, en la escena IX del primer acto, donde establece su plan de seducción con respecto al Caballero:

MIRANDOLINA (*sola*): [...] ¿Y ese caballero, más rudo que un oso, me trata a baquetazos? Es el primer forastero que llega a mi posada y al que no le gusta tratar conmigo. No digo que todos, de repente, tengan que enamorarse, pero despreciarme así es algo que me subleva. ¿Es enemigo de las mujeres? ¿No las puede ni ver? ¡Pobre loco! No habrá dado aún con la que sabe lo que hay que hacer. Pero la encontrará. La encontrará. ¿Y quién sabe si no la ha encontrado ya? Ese es el tipo de hombre con el que yo me pico. Los que me persiguen, me aburren enseguida. La nobleza no va conmigo. La riqueza la estimo y no la estimo. Lo que de verdad me gusta es ser cortejada, requebrada, adorada. Esa es mi debilidad, y esa es la debilidad de casi todas las mujeres. En casarme no pienso siquiera; vivo honradamente y disfruto de mi libertad. Trato con todos y no me enamoro de nadie. Lo que quiero es burlarme de todos esos esperpentos de amantes atormentados; y quiero valerme de todas mis mañas para vencer, abatir y turbar esos corazones bárbaros y duros que son enemigos nuestros, que somos la cosa mejor que en el mundo ha creado la hermosa madre naturaleza (Goldoni, 1985: 64-65).

---

[3] La metateatralidad de *La posadera* está presente a lo largo del I y II acto de una manera constante, la presencia de las dos cómicas en la posada refuerza dicha *mise en abyme* actoral (Goldoni, 1985: 70, 73, 76, 81, 90-94, 103-105).

Lo mismo sucede en el segundo soliloquio, en la escena XXIII del acto I (Goldoni: 86), donde la posadera expone su plan de simulación dramática: «Lo intentaré; no sé si tendré la habilidad que tienen esas dos cómicas, pero lo intentaré». Y de igual modo, en el tercero, en la escena XIII del tercer acto, donde expone, de nuevo al público, su plan para con su fiel criado:

> MIRANDOLINA (*sola*): Me he metido en un buen lío. Si el caballero llega, estoy lista. Se ha puesto como una fiera. No me gustaría que el diablo lo tentase haciéndolo venir aquí. Cerraré la puerta. (*Cierra la puerta por donde ha entrado.*) Estoy empezando a arrepentirme de lo que he hecho. Es cierto que me he divertido de lo lindo haciendo que anduviese detrás de mí un soberbio, un enemigo de las mujeres; pero ahora que es un mujeriego endiablado, veo en peligro mi honor e incluso mi vida. Tengo que tomar una decisión definitiva. Estoy sola y no tengo a nadie de confianza que me defienda. El único que me podría ayudar es el buen hombre de Fabricio. Le prometeré casarme con él... Pero..., prometiendo, prometiendo, terminará por no creerme. Casi sería mejor que me casase con él de verdad; a fin de cuentas, con un matrimonio así creo que salvaría mis intereses y mi reputación, sin menoscabar mi libertad (Goldoni, 1985: 131).

Es decir, *La posadera* se desarrolla en un doble plano; el de la acción directa, llevado a cabo a través de la interacción de la protagonista con el resto de personajes, de manera particular con el Caballero, y, en menor medida, el de la acción en *controscena*, desarrollada principalmente por los monólogos de la protagonista, dirigidos a los espectadores. De esta manera Goldoni establece, por una parte, la complicidad directa de la protagonista con su público y, por otra, ensalza su inteligencia y la importancia de su acción lingüística y de su capacidad de representación, el *savoir faire* de su protagonista como mujer, como comedianta y como empresaria.

No debemos olvidar además que la inteligencia, la agudeza, la capacidad resolutoria y de trabajo representan las dotes principales del personaje femenino. Así se pone de manifiesto en varios momentos en la obra a lo largo del acto primero (59, 61) y, por tanto, se ensalzan las virtudes de la burguesía en ascenso, en la Venecia y en la Europa del siglo XVIII. Por eso el empeño empresarial, la autonomía y la inteligencia de la posadera se oponen al despilfarro de la nueva nobleza, representada en el Conde, o a la ruina económica y al parasitismo del Marqués, un ejemplar de la aristocracia arruinada, a la que solo le queda el orgullo y el honor del título[4]. El dinamismo, la iniciativa de Mirandolina, su sinceridad simulada y su capacidad de gestionar su vida y la de su empresa, a través de sus dotes teatrales y lingüísticas son, por tanto, las virtudes que hacen caer en la trampa al misógino Caballero y a su soberbia de género. La posadera, al término de la obra, permanece como pilar y sostén básico de su hacienda, a pesar de una dosis no desdeñable de soledad interior.

Sin embargo, ante la libertad de la nueva clase social en ascenso y ante la afirmación de la nueva mujer, opuestas a las fuerzas sociales e intelectuales más conservadoras del momento, Goldoni, para lograr un mayor éxito receptivo, opta por reconducir su discurso ilustrado dentro del orden social más conservador. Por eso, Mirandolina se casa con su criado y ante el público le promete obediencia y en cierta forma sumisión[5].

> MIRANDOLINA: Señores míos, ahora que me caso, no quiero protectores ni cortejadores, no quiero regalos. Hasta ahora me he divertido y he hecho mal; me he arriesgado demasiado, y no lo volveré a hacer más. Este es mi prometido.
> FABRICIO: Pero, señora, despacio…
> MIRANDOLINA: ¡Cómo despacio! ¿Qué ocurre? ¿Qué dificultad hay? Vamos, dame la mano.
> FABRICIO: Antes me gustaría que estableciéramos las condiciones.
> MIRANDOLINA: ¿Qué condiciones? La condición es esta: o me das la mano, o te vas al infierno.
> FABRICIO: Te daré la mano…pero luego…
> MIRANDOLINA: Pero luego sí, querido, seré eternamente tuya. No dudes de mí, te amaré siempre, serás el alma mía (Goldoni, 1985: 142).

En esta línea, la comedia se cierra con el monólogo de la protagonista, que, aunque es vencedora en esta particular *querelles des femmes* goldoniana, admite, en una especie de *captatio benevolentiae*, haber exagerado, querer reconducir su comportamiento y seguir lo dispuesto por su padre antes de morir.

---

[4] En este sentido, parece oportuno contraponer los regalos del Conde, joyas y dinero, a la protección y al amparo que el Marqués ofrece a la protagonista; la única vez que le regala algo es un pañuelo usado (escena XXII del acto II).

[5] Véase escenas 19 y 20 del acto III.

Mirandolina: Aprecio vuestros ofrecimientos dentro de los justos límites de la conveniencia y la honradez. Al cambiar de estado, quiero cambiar de costumbres. Y ustedes[6] aprovéchense de lo que han vito en provecho y seguridad de sus corazones; y si se encuentran en la circunstancia de dudar, de flaquear o de caer, piensen en las malicias aprendidas, y acuérdense de la Posadera (Goldoni, 1985: 143).

Al final de la comedia nos encontramos con el contradictorio 'aleccionamiento' moral que el autor, identificándose con la doble conducta de Mirandolina, declara en el prólogo a su comedia, no exento desde luego de la ambigüedad interpretativa que encierra todo enunciado irónico. Así pues, Goldoni indica en su prólogo, titulado *El autor a sus lectores*, que «la historia de *La posadera* debe alertar a los hombres contra las ilusiones y los amargos engaños que las mujeres saben tramar con suma astucia» (Goldoni, 1985: 53).

En cualquier caso, el personaje de la posadera presenta una figura de mujer compleja. Su conducta ha sido leída e interpretada de diversas formas: como una honrada y graciosa reina de la seducción (lectura muy desarrollada a lo largo del siglo XIX), como una empresaria, interesada principalmente en su ganancia y en su afirmación social (crítica marxista del XX), o como una nueva mujer, una mujer fuerte e independiente, capaz de moverse en solitario en el mundo de los hombres, con una lúcida distancia, en cierta forma una feminista ya en el siglo XVIII (lectura del siglo XX y principalmente del XXI).

Mirandolina, por tanto, es *serva e padrona* al mismo tiempo. Representa a un nuevo tipo de mujer, emancipada e independiente, dueña de una posada en Florencia; una mujer libre que no desea riqueza ni títulos nobiliarios, solo la prosperidad de su negocio, claro símbolo de su misma libertad. Ella es una mujer real, de carne y hueso, centrada en su quehacer de *alberghiera* en la Italia de la segunda mitad del siglo XVIII. Su forma de ser y su carácter la alejan en gran medida del estereotipo cómico de las criadas coquetas de la tradición anterior. En este sentido, debe recordarse de nuevo su monólogo de la escena novena del acto I, un real manifiesto de su dignidad y de su independencia como mujer. No debe olvidarse además que, si decide enamorar al Caballero, es porque la ha despreciado como mujer y como subalterna. A pesar de un cierto baño de coquetería al uso, en su monólogo, vence, sobre todo al final de su última intervención, la

---

[6] Aquí se dirige directamente a los espectadores.

defensa y la *laudatio* de las mujeres, frente a la *vituperatio*, llevada a cabo por el protagonista masculino.

2. Mirandolina, una mujer entre cuatro hombres

Mirandolina, como ya sucedía en la comedia goldoniana de 1748, *La vedova scaltra* (*La viuda astuta*), tiene que vérselas con cuatro hombres a la vez y saber salir airosa, según las normas de conducta de su época. En este caso, se bandea con tres nobles: el Marqués de Forlipópolis, el Conde de Albaflorida y el Caballero de Rocatallada[7] y además, aunque en menor medida, con un subalterno, su fiel criado, con el que al final se casa. El matrimonio con Fabricio, anunciado desde el comienzo de la comedia (escena I acto primero, Goldoni 1985, 56), parece estar motivado por varias razones: su atracción hacia él, varias veces repetida, y la promesa hecha a su padre (escena XIV, acto tercero, Goldoni, 1985: 132; escena XVIII del mismo acto, 140). Pero de manera principal su matrimonio se debe a su deseo de consolidar el negocio de la posada, de mantener las riendas de su vida y de saberse apoyada por un hombre que siempre ha sabido servirla y quererla entregadamente.

Aunque el matrimonio de la posadera con el criado, en un principio, parece querer reforzar la línea patriarcal con respecto a la promesa hecha al padre en el lecho de muerte, es en realidad una muestra más de la inteligencia práctica del personaje de Mirandolina, más fuerte e independiente que Pamela, la protagonista de la *Pamela soltera*[8] o que la Serpina de *La serva padrona*[9], pues en estos dos casos el matrimonio de las protagonistas se llevaba a cabo con un superior en estatus. Es decir, las protagonistas de las dos obras anteriores, a través de su virtud o mediante sus estratagemas, logran dejar de ser criadas para convertirse en verdaderas señoras. Mirandolina no, ella no cambia de clase social, ni abandona su condición

---

[7] Adviértase que los apellidos de los tres nobles hacen alusión a sus comportamientos sociales y psicológicos.

[8] La novela de Samuel Richardson, *Pamela o la virtud recompensada*, se publica en Inglaterra en 1740. Su traducción llega a Venecia en 1744 y Goldoni, entre 1750 y 1751, lleva a cabo una adaptación de la novela inglesa en dos comedias: *Pamela fanciulla* (*Pamela soltera*) y *Pamela maritata* (*Pamela casada*). En la primera, la criada, Pamela, resiste a los requiebros eróticos del señor, el aristócrata Bonfil, hasta lograr el matrimonio, y en *Pamela maritata*, siguiendo la segunda parte de la narración inglesa, la protagonista se convierte en un modelo de virtud para las mujeres.

[9] *La serva padrona* (1733) es un *intermezzo*, en dos partes, con música de Giovanni Battista Pergolesi y libreto en italiano de Gennaro Antonio Federico, a partir de la obra de teatro de Jacopo Angello Nelli, del mismo título, compuesta en 1709.

de posadera. Todo en relación a su mundo permanece como estaba, a excepción de su venganza contra el Caballero; y ante la fogosa insistencia de este (de claro signo sexual), su necesidad de protegerse mediante el matrimonio con Fabricio se hace evidente. Con esta decisión, ella es quien opera un cambio a mejor en la vida de su criado. Mirandolina hace que sea Fabricio quien se convierta en señor, al casarse con ella. De esta manera, ante los ojos del mundo se convierte en una mujer 'normal', en cuanto que mujer casada, pero puede seguir manteniendo, con respecto al marido, un rango de mayor jerarquía y suponemos que, a pesar de las declaraciones del mismo Goldoni en su *Prólogo*, de absoluta libertad.

3. LA POSADERA Y SU POSADA: FUSIÓN DEL PERSONAJE CON EL ESPACIO DE LA REPRESENTACIÓN

Mirandolina encarna el prototipo de la nueva concepción goldoniana del personaje en el teatro: la conquista de la fusión entre el personaje principal y el lugar de la representación. El personaje vive y se desenvuelve perfectamente en el espacio teatral y en el espacio de la representación, con total naturalidad y con un claro deslizamiento entre ambos. Por eso el desarrollo dramático de *La posadera* renuncia a espacios apartados y a estancias secretas, lugares de enmascaramientos e intrigas, como en *La serva amorosa* (1752)[10]. Se observa aquí el realismo goldoniano, fiel reflejo de su mundo y de su sociedad.

En *La posadera*, la posada y las distintas dependencias de la misma constituyen una metáfora de la vida, de los atributos y de las acciones desempeñados por la protagonista. Además, estos contribuyen a hacer de las distintas dependencias de la posada un cuadro de las costumbres de la época (piénsese en los interiores del pintor veneciano Pietro Longhi, claro exponente de los interiores burgueses de la Venecia de la época), sobre todo en cuanto a los objetos que los decoran. Es importante destacar también la importancia de los objetos transaccionales que regalan los clientes a la posadera, de las acciones relativas a la limpieza y al servicio, al planchado, a la comida y a la bebida. Todos ellos son símbolos de la corporeidad vital de la protagonista y de las costumbres sociales y antropológicas de Italia del momento. Estamos, por tanto, ante un espacio real, reflejo de las condiciones de las mujeres del tercer estado en el *Settecento*.

---

[10] En esta comedia, la inteligente y prudente Corallina rechaza el matrimonio con su noble señor, a cambio de una buena dote, porque es consciente de que, con el pasar del tiempo, el matrimonio sería un fracaso y el marido noble acabaría aborreciéndola.

El espacio cerrado y acogedor de la posada, con sus habitaciones, la cocina y los cuartos de servicio son también protagonistas de la comedia, estructuran y definen los comportamientos de los distintos personajes. Es decir, las distintas distribuciones espaciales no son pues meros fondos escenográficos, sino actantes localizadores que refuerzan el significado último de los acontecimientos de la misma. En este sentido caben destacar las últimas escenas del acto III, a partir de la decimotercera, desarrolladas dentro de una habitación de servicio con tres puertas (correspondientes a cada uno de los pretendientes de la posadera). En estas, las alusiones sexuales, con respecto sobre todo al deseo del Caballero, hacen temer por el honor de Mirandolina. Esta alude directamente a la posible violencia sexual por parte del protagonista masculino «Querido, Frabricio, no sé, tengo miedo por mi honor»; el criado le promete defenderla «Podéis estar segura de que os defenderé») (escena XV del acto III, Goldoni, 1985: 133). La intervención de Fabricio en defensa de la patrona, correspondiente a la escena decimosexta es relevante. Se enfrenta verbalmente al Caballero: «Vuestra excelencia paga con su dinero para ser servido en las cosas lícitas y honestas. Pero luego no podéis pretender, disculparme, que una mujer honrada...» (Goldoni, 1985: 134). Sin duda es aquí donde, siguiendo los parámetros de la época, Mirandolina siente la necesidad de tener a su lado un marido-compañero-hombre, y dejar su estado de soltería.

No debe olvidarse por otra parte que en esta habitación de servicio la posadera está planchando la ropa de casa y que entre sus manos tiene una plancha ardiendo, que Fabricio calienta cada rato, entrando y saliendo de la habitación. Sin duda la morfología de la plancha y su calor aluden a la realidad sexual que impregna claramente toda la última parte de la comedia[11]. El espacio en el que se desarrollan las últimas escenas, en las que hay incluso un duelo entre los tres pretendientes, con sus espadas, algunas de ellas sin punta, nos habla de la condición emprendedora de Mirandolina, pero también y fundamentalmente del deseo y de la corporeidad sexual de los protagonistas. En dicho espacio, como acabamos de decir, se gesta el matrimonio de conveniencia, racional y práctico de Mirandolina con Fabricio. El espacio de la posada, público y privado a la vez, es, por tanto, un fiel reflejo de la misma protagonista, de sus cualidades y de sus atributos corpóreos. Siguiendo la lección dada por Freud en relación con la simbología onírica de la casa y su conexión con el cuerpo femenino y sus distintas

---

[11] Ya en las escenas IV, V, VI, VII y VIII de la segunda parte de dicho acto las implicaciones sensuales y eróticas se hacen también más que evidentes.

funciones fisiológicas, podríamos hablar de una posada-casa, metonimia y sinécdoque del cuerpo de la propia Mirandolina.

Ya Roland Barthes en su obra dedicada al teatro habla sobre el deseo como motor subyacente del texto de *La posadera* (Barthes, 2002: 115-135). Pero junto a la dimensión erótica de la comedia, algunos directores de escena, del peso de Luchino Visconti, reorientan, sin embargo, la espacialidad de la obra en función de su dimensión realista, burguesa e incluso psicológica del personaje principal. En la representación viscontiana, de octubre de 1952, realizada en Venecia, prevalecen los espacios abiertos y las últimas escenas, relativas al planchado, tienen lugar en una habitación muy amplia, que cuenta con un gran ventanal. A través de este, la habitación recibe la luz y se abre a las vistas de la ciudad de Florencia. La idea de la ventana proyecta por una parte la vida de Mirandolina sobre el paisaje urbano de su ciudad, dando a la puesta en escena de Visconti una dimensión social indiscutible. Por otra, a través de la interpretación a cargo de la ya no tan joven Nina Morelli, basada en las pausas, los silencios y en un tono más interior y concentrado que el de las famosas interpretaciones de Eleonora Duse, a comienzos del *Novecento*, se otorga a esta puesta en escena una carga apesadumbrada que contribuye a acercar al personaje a las figuras melancólicas de Chejóv, tan queridas por el director italiano (Mazzocchi, 2016: 199-208).

4. ALGUNAS MÍNIMAS OBSERVACIONES SOBRE EL TIEMPO EN *LA POSADERA*

Es cierto que la acción de la comedia, como en gran parte de las obras de teatro del XVIII, respeta las unidades de acción, espacio y tiempo. Pero en el caso de *La posadera*, aparte de acomodarse a las reglas poéticas del neoclasicismo, el uso de la temporalidad, un solo día, está al servicio del nudo dramático. Este necesita de la condensación de un tiempo breve para expresar su propia originalidad. Podríamos decir que el espectador no es consciente del todo de que la estratagema de Mirandolina, con respecto a los demás personajes, se desarrolla en el marco de una sola jornada. Lo que le queda al público es la consciencia de que se ha prendido la mecha del deseo, fomentada a través del triángulo de mediación. Es decir, el deseo, que, como decía Lacan, es siempre el deseo del otro, va a ir pasando de un personaje masculino a otro hasta llegar a su máximo *climax* con el Caballero y su pasión irrefrenable por la astuta Mirandolina, al final de la obra.

Mirandolina ha sabido humillarse en apariencia, agasajarlo, mimarlo, seducirlo, con las armas que el patriarcado ha establecido en relación al comportamiento de las mujeres. Al final, en un giro de tuerca muy del gusto de Goldoni, tal y como sucedía con Arlecchino, una vez que se sabe defendida por Fabricio y por los dos nobles pretendientes, tras el duelo y la comunicación de su matrimonio, con el deseo frustrado de todos ellos, la posadera hará caer en la trampa al Caballero (escena XVIII del tercer acto, Goldoni, 1985: 138-140), y reinará como dueña absoluta de su vida y de su negocio. Podemos decir, por tanto, que Goldoni, al condensar la acción en una temporalidad breve, favorece la aceleración del tiempo dramático de la comedia. Este, en un continuo *crescendo*, se hace cada vez más rápido e intenso, con un resultado excepcional, divertido y contemporáneamente aleccionador, no de orden moral, sino dinámico, en relación con la nueva realidad económica y social del siglo XVIII y con el nuevo tipo de mujer en ella naciente.

5. LA MEDIACIÓN LINGÜÍSTICA DE GOLDONI EN *LA POSADERA*. GOLDONI, PRECURSOR DE UNA LENGUA NACIONAL EN ITALIA
A Luchino Visconti y a Giorgio Strehler se debe el redescubrimiento de Carlo Goldoni en el siglo XX. Según Strehler, el dramaturgo veneciano es uno de los más grandes dramaturgos europeos del siglo XVIII, porque es un verdadero hombre de teatro. Y lo es también por su clara vocación de comunicar y de reconocer las transformaciones de su sociedad.

En esta misma línea, el lingüista Gian Franco Folena insiste sobre la voluntad goldoniana de comunicar con esta. Y ya antes que Alessandro Manzoni[12], el dramaturgo veneciano es consciente de la necesidad de crear un teatro nacional en italiano que sirva para unificar lingüística y social- mente Italia. De ello *La posadera* es un claro ejemplo. Todos los personajes de la comedia hablan en italiano. No sucede como en *El servidor de dos patrones*, donde los criados y los mercantes-burgueses hablaban en dia- lecto, en contraposición a los enamorados que lo hacen en italiano.

Por eso Goldoni, en su comedia, recrea un italiano directo y oral, que pueda ser referencia y modelo lingüístico para la nueva sociedad. El ita- liano de Goldoni es un italiano teatral, un fantasma escénico que tiende a imitar la vivacidad de la futura habla estándar. El italiano de Goldoni, aunque se alimente del uso escrito, no es literario. El objetivo principal del

---

[12] Alessandro Manzoni (1785-1873) es después de Dante el padre de la lengua ita- liana. Primero elige el italiano, de base florentino-toscana, para su famosa novela *Los Novios* (1842) y, tras la unidad de Italia, fue, como senador del reino, el encargado de unificar lingüísticamente el país.

dramaturgo es que su obra sea comprendida por un público lo más amplio posible. Para él, el teatro es un medio de comunicación autónomo. En ese sentido, sobrepasa la pura teatralidad. En esta línea, el texto de *La posadera* da vida a distintos planos comunicativos que son absolutamente provocadores, claramente atrevidos para la época, pero solo comprensibles desde esta óptica mediática.

6. Goldoni vs. Mirandolina y Gozzi vs. El Caballero

Goldoni, a pesar del *Prólogo* 'moral' a su comedia, toma partido, indiscutiblemente, por Mirandolina y por el dinamismo social y de género que esta representa. Es decir, el dramaturgo se adhiere al mundo, en su continua transformación y vitalidad. Admira el fluir de la vida y es consciente de la nueva clase que está emergiendo en Italia y en Europa, a la que él también pertenece.

Ahí radica su posición ilustrada, vital y popular, marcada por el pragmatismo y por la razón, pero también por el saber vivir fuera de los parámetros fabulosos, trágicos y heroicos de la tradición que le había precedido. Desde esa perspectiva de amor a la vida, en sus múltiples facetas y en su constante movilidad, podemos decir, con terminología actual, que Goldoni es un 'progresista'; un autor que apuesta por el presente y por el futuro de una sociedad cambiante, como en gran medida la naturaleza de los seres humanos.

Por ese motivo, su teatro y su reforma teatral se oponen a las formas de conservación dramática de Carlo Gozzi, su principal contemporáneo en el teatro y su principal enemigo en la Venecia de la época. Gozzi[13] se opone frontalmente a toda mixtura social, al ascenso de la burguesía y a cualquier defensa de la libertad de las mujeres. Su ideario conservador también queda reflejado en su teatro, idealizado y fantástico, cercano al mundo de las fábulas, a los arquetipos de la comedia del arte, absolutamente contrario al realismo ilustrado de Goldoni. En la Venecia de la época, Gozzi fue el opositor radical de Goldoni. Su nuevo teatro, según Gozzi, había traicionado la invención, la fantasía, el deseo de evasión y de puro divertimento del teatro veneciano, especialmente el de la ópera lírica, que mantenía a la perfección la sugestión fabulosa, de tono arcádico y elegíaco.

---

[13] Carlo Gozzi (1720-1806) fue un dramaturgo y escritor italiano. La versión de la ópera de Giacomo Puccini, *Turandot*, compuesta en 1926, es de origen oriental; después de varias versiones fue llevada a escena por el dramaturgo veneciano en 1762; la versión gozziana es la que ha llegado hasta nosotros.

Al igual que Carlo Gozzi, noble, misógino y reaccionario, se nos presenta en la comedia al Caballero de Rocatallada, quien, como su nombre indica, se enroca en la defensa de sus ideales conservadores, entre ellos en su misoginia. Por este motivo, si leemos *La posadera* en clave de política teatral y desde una perspectiva teórica, relacionándola con la reforma teatral de Goldoni, podemos pensar que Mirandolina, en su venganza contra el principal personaje masculino de la comedia, lleva a cabo, como su propio autor, un nuevo *round* en la polémica entre ambos dramaturgos; es decir, la venganza de Mirandolina es una venganza contra los *gozzi* más conservadores de la época, tanto en el teatro como en la vida. En consecuencia, desde una perspectiva extraliteraria, pero convergente con la configuración textual y escénica de la comedia, Mirandolina es la fuerza centrípeta de la misma y en ella, junto con las dos cómicas Hortensia y Deyanire, se condensa toda la reflexión metateatral del texto escénico.

Por esta razón, es posible pensar que *Mirandolina c'est moi*. Es decir, la fuerza de la protagonista, su independencia, su capacidad de resistencia, su capacidad de teatralización, la misma gestión de su negocio y su capacidad de relacionarse con el público acomunan indiscutiblemente al autor con su personaje. En cierta manera se podría decir que la fusión de Mirandolina con el espacio de la posada, su progresivo engrandecimiento ante la acción directa y meditada, indirecta, pasiva y sufrida en relación a los tres nobles, es la misma que vivió Goldoni con respecto a su teatro, a su principal opositor y a otros de sus detractores, entre ellos Pietro Chiari[14]. El gran dramaturgo veneciano, como su posadera, trató también de comunicarse con su público a través de una nueva manera de hacer teatro. El autor pone así en escena su nueva concepción antropológica de lo dramático, en la que el teatro y el mundo son realidades convergentes.

Para Carlo Goldoni el teatro es, por consiguiente, una vía de acción, de conocimiento, un modo de vivir, de observar y de intervenir en el mundo. Es decir, un medio realista, divertido, irónico y aleccionador a la vez para entablar conversación con los seres humanos y con los defectos y virtudes de la sociedad de su tiempo.

---

[14] Pietro Chiari (1712-1785) fue un jesuita, dramaturgo, escritor y libretista italiano. Entre 1761 y 1762 dirigió la *Gazzetta Veneta*. Durante este periodo escribió unas sesenta comedias, cuyos planteamientos estaban en franca oposición a la reforma de Carlo Goldoni.

Bibliografía

Bibliografía primaria

Goldoni, C. (1983): *La locandiera*, G. Davico Bonino (ed.), Milán, Mondadori.

Goldoni, C. (1985): *La posadera*, M. Carrera Díaz (ed.), Madrid, Cátedra.

Bibliografía secundaria

Aparte de la ya indicada en *El servidor de dos patrones*:

Alonge, R. (2004): «Approcci goldoniani: Il sistema di Mirandolina», en *Goldoni dalla commedia dell'arte al dramma borghese*, Milán, Garzanti, pp. 88-112.

Baratto, M. (2023): *Mondo e teatro nella poetica di Goldoni*, con prólogo de P. Puppa, ebook, Succedeoggi Libri.

Roland Barthes, R. (2002): *La locandiera*, en *Sul teatro*, Roma, Meltemi, pp. 185-188.

Carrera Díaz, M. (1985): *Introducción, traducción y notas* a C. Goldoni, *La posadera*, Madrid, Cátedra, pp. 9-45.

Crotti, I. La locandiera: *una figura della realtà sociale nella rappresentazione di Goldoni* La locandiera - Storia.di Veneziawww.storiadivenezia.net > sito > donne > Crotti_L. [consultado el 12 de septiembre de 2022]

Folena, G. F. (1958): «L'esperienza lingüistica di Carlo Goldoni», *Lettere italiane*, vol. 10, 1 (gennaio-marzo), pp. 21-54.

Gutiérrez Carou, J. (2007): «Goldini fra riforma e controriforma. Il genio buono e il genio cattivo», *Rivista di letteratura italiana*, vol. 25, nº 1, pp. 57-74.

Gutiérrez Carou, J. (1997): «Il Teatro comico de Goldoni: proposta dunha análise temática de textos metateatrais», *Eduga: revista galega do ensino*, pp. 167-190.

Mamone, S. 2007: *Introduzione* a Carlo Goldoni, *La locandiera*, Venecia, Marsilio, pp. 9-93.

Mazzocchi, F. (2016): *La regia goldoniana in Italia: Luchino Visconti e* La locandiera, en I. Romera Pintor (ed.), *Europa en su teatro*, Valencia, PUV, pp. 199-208.

Strehler, G. (1983): *Introduzione* a Carlo Goldoni, *La locandiera*, ed. Guido Davico Bonino, Milán, Mondadori, pp. 5-24.

Luigi Pirandello y sus *Seis personajes en busca de autor*: un cambio de paradigma

1. *Seis personajes en busca de autor* de Luigi Pirandello: los otros del otro lado de la fantasía

Con Luigi Pirandello (Agrigento 1867-Roma 1936) nos adentramos en la contemporaneidad del teatro italiano. El dramaturgo siciliano renueva la escena europea, en consonancia con los grandes dramaturgos del momento, como Ibsen o Beckett. Sus dos obras principales, *Seis Personajes en busca de autor* (1921) y *Enrique IV* (1922), nos introducen plenamente en toda la problemática filosófica y epistemológica del siglo xx. El autor recibió el Premio Nobel de literatura en 1934.

Como Pirandello dice en el prólogo a la publicación de sus *Seis personajes*, en 1925 (segunda edición), ellos, los personajes, son fruto de la Fantasía[1] (Pirandello, 2011: 83), seres vivos e independientes, que han tomado vida ante él, en la tranquilidad de su estudio, haciéndose más reales y más vivos que muchos seres humanos. Su aparición toma cuerpo en el cuarto de la creación pirandelliana, allí, en el 'cuarto de atrás', se presentan para dialogar con el autor o para pedirle la vida, a través de la literatura. Nos introducimos así en uno de los nudos temáticos centrales de la obra del autor siciliano, tanto de la narrativa como de la dramática y de la ensayística: el doble[2], el desdoblamiento, la multiplicación del yo, con la consiguiente presencia del otro y de los otros, los que están del otro lado de la razón y han atravesado la frontera. Se trata de una posición filosófica irracional que rompe las barreras del positivismo logocéntrico, racionalista y cientifista. Esta nos adentra en la imposiblidad de distinguir los límites entre la ficción y la realidad, sin poder, por tanto, alcanzar la 'verdad'.

---

[1] La mayúscula está en Pirandello.

[2] En *Seis personajes*, el Padre habla abiertamente del desdoblamiento y de la multiplicación psíquica del sujeto: « […] cada uno de nosotros se cree *uno*, sin que ello sea verdad; porque cada uno de nosotros es *muchos*, sí señor, *muchos*, dependiendo de todas las posibilidades de ser que llevamos dentro; uno con este, uno con aquel; ¡y tan distintos!» (Pirandello, 2011: 126-127). La cursiva está en el original.

A su vez la problemática del doble nos adentra en la crisis del yo y en la disociación del sujeto contemporáneo, muy presente en el escritor. Y la ruptura del yo, su división y multiplicación, nos conduce por su parte dentro de la imposibilidad del sujeto de la contemporaneidad para situarse ante lo real y para conocer verdaderamente lo que nos rodea, visto desde una única perspectiva homogénea y orgánica. Lo real es ahora percibido por el yo de un modo fragmentario, diluido, deslavazado e inconexo. De ahí que la contradicción y la aporía sean las únicas vías posibles de conocimiento filosófico y psicológico en el siglo XX. Por este motivo, Pirandello, inmerso en la crisis epistemológica, metafísica e histórica de comienzos del *Novecento,* ante un mundo sin seguridades firmes, lleno de dudas y de desgarros interiores, elige la fusión de los contrarios como el único camino para acceder a una realidad fragmentaria y cambiante. Tal hecho comporta un absoluto relativismo cognitivo. Por ello la risa grotesca y tragicómica, la que no distingue entre la ficción y la realidad, se convierte en el modo de pensamiento y en la vía estética elegida por el escritor siciliano para su representación artística del vivir.

Pirandello ya en su novela *El difunto Matías Pascal* (1904) nos plantea el problema psicológico del doble, del inepto convertido en fantasma, el que vive sin identidad civil y sin nombre, por haber estado fuera de las seguridades de una vida establecida, según los parámetros de una 'normal' conducta correcta. Matías es un personaje roto, dividido, del que nos compadecemos y del que nos reímos al mismo tiempo; un hombre fuera de clave, disociado en su doble Adriano Meis. Ambos nos conducen directamente hasta las reflexiones filosóficas del mismo Pirandello, en relación al conocimiento objetivo y a la literatura contemporánea. Ellos son el soporte de sus ideas sobre el humorismo, sobre la teosofía y sobre el espiritismo.

Por eso, como veremos más adelante, los seis personajes de su obra teatral de 1921 son también dobles de quien los creó, sobre todo del Padre. Este, en cierta forma, junto con el Director, podría ser considerado un *alter ego* pirandelliano, un espíritu surgido de la otredad psíquica y fantástica del propio autor: su otro.

2. El desdoblamiento y *El humorismo* de Luigi Pirandello

Todos estos planteamientos existenciales, filosóficos y estéticos constituyen el núcleo de su ensayo *El humorismo,* publicado en 1908, y dedicado al personaje de Matías Pascal. Para el escritor, lo humorístico se encuentra en el proceso último de carácter cognitivo, reflexivo y emocional de desdoblamiento que tiene que ver con la risa.

En primer lugar, según el autor, lo que nos hace reír es advertir lo contrario, lo opuesto de la conducta 'normal' de un determinado sujeto, con respecto al sentido común de la norma social de la época. Aquí reside la esencia de lo cómico. Sin embargo, en un momento posterior, cuando conocemos las causas profundas del comportamiento 'anormal' de quien nos hace reír, entramos de lleno en el campo del sentimiento. Nuestra risa entonces será ya diferente, un reír lacerado que nos lleva a la compasión. Hemos llegado ya al dolor empático, a la *pietà*, como dice Pirandello, con respecto al sufrimiento de la persona extraña y diferente, y a su conducta inapropiada y también grotesca. Esto es ya, según Pirandello, el humorismo. Ahora la amargura o incluso el llanto nos han hecho desdoblarnos de forma contradictoria entre el super yo racional, adecuado al modelo social vigente, y el yo emotivo y piadoso, el que se conmueve con el dolor irrisorio del otro, hasta reconocer las pulsiones más poderosas del ello, de sus instintos más bajos. Lo humorístico es, pues, el proceso complejo y doliente que va más allá de lo cómico. Este require, pues, la aceptación del desdoblamiento y de la misma contradicción.

El ejemplo más ilustrativo que nos da Pirandello es el siguiente:

> Veo a una anciana señora, con los cabellos teñidos, untados de no se sabe bien qué horrible ungüento, y luego burdamente pintada y vestida con ropas juveniles. Me echo a reír. Advierto que esa anciana señora es lo contrario de lo que una anciana y respetable señora tendría que ser. Así puedo, de buenas a primeras y superficialmente, detenerme en esta impresión cómica. Lo cómico es precisamente advertir lo contrario. Pero si ahora en mí interviene la reflexión y me sugiere que aquella anciana señora tal vez no encuentre ningún placer en vestirse como una cacatúa, sino que tal vez sufre a causa de ello y lo hace solo porque se engaña piadosamente y piensa que, vestida así, escondiendo sus arrugas y sus canas, conseguirá retener el amor de su marido, mucho más joven que ella, entonces yo ya no puedo reírme como antes, porque precisamente la reflexión, trabajando dentro de mí, me ha hecho superar mi primera observación, o más bien, me ha hecho penetrar en ella: de aquella primera observación de lo contrario me ha hecho pasar a este sentimiento de lo contrario. Esta es toda la diferencia que hay entre lo cómico y lo humorístico (Pirandello, 2002: 95-130).

En muchas de sus obras sucede incluso al revés, de las situaciones más trágicas y más dramáticas del personaje escindido se pasa a la carcajada más descreída y grotesca. Así, por ejemplo, al término de la odisea de Matías Pascal, cuando el protagonista vuelve como un fantasma a su propia casa, lo recibe la suegra y, al verle, se desmaya del susto. Hecho que nos hace reír, para luego llegar a la conmoción por el resultado piadoso del protagonista al término de la obra. Mattia Pascal, ante la vulnerabilidad de la pequeña recien nacida, en el recuerdo de su hija muerta, decide contener su venganza y convertirse definitivamente en un muerto viviente. Este es también el caso de la Hijastra de los *Seis personajes*, quien, al contar su amarga y doliente experiencia, se ríe de una forma grotesca y provocadora a lo largo de toda la representación; la obra se cierra con su carcajada más perturbadora. En su risa se esconde toda su humillación y todo su dolor.

Con la teoría del humorismo entramos, pues, en el mundo del otro y de los otros: las presencias irracionales que llevamos dentro, a las que reprimimos y acallamos, pero que, sin embargo, nos asaltan continuamente, dejando al descubierto la «bestia» escondida que nos asalta. Los otros mundos, poderosos e incluso malvados, para Pirandello y para su época, son principalmente el instinto sexual y la crueldad[3]. La pregunta última que se hace el autor y todos los personajes de la obra de 1921 tiene que ver, en consecuencia, con nuestra identidad individual y con nuestro papel en una sociedad cambiante y en crisis.

Podemos decir, pues, que el planteamiento estético y literario del autor italiano en relación al humorismo está estrechamente relacionado con la crisis del comienzo del *Novecento* y con las contradicciones humanas de un sujeto que vive la escisión existencial, la duda permanente y la imposibilidad de acceso al conocimiento objetivo, de un modo lacerante.

3. PIRANDELLO Y EL NUEVO GÉNERO FANTÁSTICO: EL DESDOBLAMIENTO INTERIOR

Debemos recordar además que son numerosos los cuentos en los que el autor dialoga con un fantasma; es decir, con un ser nacido de su fantasía y/o con un muerto que se aparece al escritor, en el silencio de su estudio, atravesando la frontera racional que está del otro lado. Así *Tragedia di un personaggio* (*Tragedia de un personaje*) (1911) y *Colloquio con i personaggi* (*Coloquio con los personajes*) (1915), génesis de los *Seis personajes*, son dos relatos en los que, como su título indica, el mismo autor dialoga con personajes que le piden que les de vida literaria; en el cuento de 1915, el escritor

---

[3] Pirandello titula un capítulo de *El humorismo*, «Nuestras múltiples almas». Esas presencias crueles y malvadas nos remiten directamente a Dostoyevski, autor tan admirado por el escritor italiano.

habla incluso con el fantasma de su madre muerta, en relación a la Gran Guerra y sobre la participación italiana de su propio hijo en la contienda bélica.

No es superfluo tener presente además que Pirandello, en cuanto que buen siciliano[4] y en cuanto que hombre de su época, en plena crisis del positivismo, sentía fascinación por la parapsicología y por el espiritismo[5]. El autor llegó incluso a pensar que, cuando creaba a un personaje, entraba en relación con el espíritu de alguien que lo visitaba desde el otro mundo (Macchia, 1992: 104-107).

Es decir, muchos de los personajes pirandellianos son seres fantásticos, fantasmas y/o espíritus que provienen del otro lado de la razón. Por lo tanto, la escritura del autor siciliano se caracteriza por la fusión entre el impulso inconsciente de la fantasía creadora y su correspondiente tensión irracional e incluso espiritista, revisitadas a la luz de las teorías psicológicas de la época, relativas a la división del yo y a las alteraciones irracionales del sujeto contemporáneo. Por ese motivo, afrontando el problema del doble, del desdoblamiento y de la multiplicación del yo, desde una dimensión modernista, el escritor amalgama la irracionalidad del género fantástico de corte decimonónico con la problemática psicológica de las alteraciones de la personalidad, presentes, entre otros, en los estudios de Alfred Binet[6] y de Sigmund Freud[7].

Por otra parte, como recuerda Karl Yung en su libro *Psicología y patología de los denominados fenómenos ocultos* (1902), las experiencias paranormales y el diálogo con los fantasmas están siempre relacionados con el fenómeno psicológico del desdoblamiento y de la multiplicación de la personalidad, cercana a la neurosis extrema y sobre todo a la psicosis. Asimismo, como han puesto de manifiesto algunos críticos (Gioanola, 2000),

---

[4] La mujer que crio a Luigi Pirandello era una siciliana del pueblo a la que le gustaba entretener al niño con historias fantásticas de su tradición.

[5] El espiritismo y el continuo interrogarse sobre la otredad constituyen una práctica y una preocupación muy comunes en toda la sociedad occidental, a caballo entre los siglos XIX y XX. Piénsese en el final de la *Montaña mágica* (1924) de Thomas Mann, en las sesiones espiritistas de *La conciencia de Zeno* (1923) de Italo Svevo o en *Otro giro de tuerca* (1889) de Henry James, llevado al cine por Amenabar con el título de *Los otros* (2001). Para profundizar en la importancia de la teosofía en Pirandello (Gioanola, 1983: 125-156).

[6] Alfred Binet (1857-1911) es autor de *Las alteraciones de la personalidad* (1892). Esta obra influyó mucho en Pirandello.

[7] Aunque es cierto que el escritor no quiso leer a Freud, muchas de las teorías del psicoanalista vienés estaban en el ambiente de la época.

el problema y la temática de la locura fue y es central en la vida y en la obra del autor, en estrecha relación con su propia contradicción existencial, con su descreimiento nihilista y con el desajuste interior del hombre y del escritor, siempre dividido[8]. No debe olvidarse además que Pirandello conoció de cerca la experiencia de la locura, a través de la enfermedad psíquica de su propia mujer, Maria Antonietta Portulano.

4. La risa, lo grotesco, la carnavalización y la locura

Pirandello, en la composición de su ensayo sobre el humorismo, sigue muy de cerca las distintas reflexiones que, durante el inicio del siglo xx, inundan el panorama filosófico y psicológico europeo en relación a la risa y a lo cómico. En esta línea, en primer lugar, hay que mencionar el libro de Henri Louis Bergson *La risa*, publicado en 1900, y, en segundo, *El chiste y la relación con el inconsciente* de Sigmund Freud, de 1905. El escritor, con *El humorismo* de 1908, se coloca en la onda reflexiva, vitalista, irracional y rupturista que culminará en Italia con el teatro de lo grotesco, desarrollado en concreto por los dramaturgos Rosso di San Secondo (1887-1956)[9] y por Luigi Chiarelli (1880-1947)[10], en estrecha relación con los resultados del expresionismo alemán y sobre todo con los *Seis personajes*.

Por otra parte, no podemos olvidar que, desde el siglo xix, lo grotesco y lo carnavalesco habían estado presentes en las obras de autores románticos como Edgar Allan Poe y E.T.A. Hoffman y su género fantástico, tan admirado por Pirandello[11]. Pero es sobre todo Fiodor Dostoyevski, el

---

[8] En este sentido, es muy ilustrativo el cuento *Dialogo del Gran Yo y del pequeño yo*, perteneciente a sus *Novelle per un anno* (*Cuentos para una año*), en el que el mismo autor, transferido en su personaje, antes de su boda (1894), habla de su doble personalidad. El Gran Yo es el intelectual y el gran profesor, mientras que el pequeño yo es el hombre que ama la vida, que espera con ilusión la llegada de una mujer en casa y que es feliz con las pequeñas cosas de la cotidianeidad.

[9] Pier Maria Rosso Di San Secondo (1887-1956) fue un dramaturgo siciliano que, en su teatro de lo grotesco, llega a conclusiones cercanas a las de Pirandello, sobre todo en *Marionetas qué pasión* de 1917, drama en cierto modo concomitante con los *Seis personajes*

[10] Luigi Chiarelli (1880-1947) se mueve entre el expresionismo y el teatro de lo grotesco, su obra más importante es *La maschera e il volto* (*La máscara y el rostro*) de 1913.

[11] Pirandello fue lector de italiano en Alemania, en Bonn, entre 1889 y 1891, allí entró en contacto con la literatura fantástica alemana del xix. La obra de Alderbert Von Chamisso (1781-1838), *La maravillosa historia de Peter Schlemihl* (1814), influyó en su novela *El difunto Matías Pascal*.

escritor que da un nuevo impulso a la tensión existencial y filosófica de lo grotesco contemporáneo. Sus personajes son, para Pirandello, un modelo, tal y como lo demuestra en su ensayo de 1908. Estos son los que, desde su perspectiva más ridícula y grotesca, como Marmeladov en *Crimen y castigo*, citado por el mismo autor italiano, nos hacen reír y al mismo tiempo nos muevan a la más honda piedad. Dostoyevski, en su vida y en su obra, ejemplariza, por tanto, la contradicción enajenante del sujeto contemporáneo. Sus personajes, diabólicos y santos a la vez, tocan el subsuelo de la infamia y los espacios más humanos de honda huella sagrada. Para el autor ruso, como nos dice Bajtín en *Problemas de la poética de Dostoyevski* (1979), la visión grotesca de sus personajes, como los de Pirandello, corresponde a una óptica carnavelesca, síntoma de una actitud irreverente y provocadora con respecto a una realidad personal y pública. En esta vision grotesca el pasado se actualiza y se repite de una manera traumática, creando por una parte la libre invención artística y por otra la descreida actitud crítica y polémica con respecto al comportamiento humano, en relación a la tradición literaria precedente y con respecto a las memorias vivenciales plasmadas en el texto. En esta multiplicidad de tonos y de voces contrastadas nace, en la obra de Pirandello, la fusion de lo sublime y de lo vulgar, de lo serio y de lo cómico. Esta amalgama poética de los contrarios constituye en gran medida la esencia del resultado dramático de su teatro; a través de él se establece, dentro del drama, un método de diálogo con las propias potencias irracionales, siempre impulsoras del proceso artístico.

5. La revolución de los *Seis personajes*

En mayo de 1921, en Roma, se representó por primera vez *Seis personajes en busca de autor*. Fue un fracaso total. El público abucheó al autor y le gritó «manicomio, manicomio», llegando incluso a perseguirlo, a él y a su hija Letizia, fuera del teatro. Estamos, por tanto, ante un exordio lleno de polémica. Tal hecho habla de la revolución que representó para el público romano la puesta en escena de esta obra genial. Pocos meses después se estrenó en Milán, con un éxito rotundo.

Con los *Seis personajes en busca de autor*, estamos ante un giro de ciento ochenta grados con respecto a la tradición dramática realizada hasta el momento en Italia y en Europa. En la revolución teatral propuesta por Pirandello, a partir de esta obra, se desintegra claramente el espacio escénico tradicional, con la caída definitiva de la cuarta pared[12]. La ficción, la

---

[12] Lo mismo sucede con *Cada cual a su manera* (1924) y *Esta noche se improvisa la fun-*

fantasía y la realidad del teatro se funden ahora en un proceso de extra-ñamiento artístico y emotivo que sobrecoge tanto a los actores y al direc-tor de la compañía como al público. Este último no estaba preparado para dejar de ser puro espectador y pasar de repente a convertirse también en sujeto crítico. El público se abismó, por tanto, al entrar en los secretos per-turbadores del *domus* de la familia de unos personajes fantasmales, quienes por primera vez en la historia del teatro ventilan su angustioso y culpable mundo interior, sexual e incestuoso.

Pirandello, con su drama, rompe, destruye y desintegra, por tanto, las formas y las temáticas del drama burgués de su época, para presentarnos, en un teatro vacío, a unos personajes nacidos de su fantasía, seres imagina-rios fuera del tiempo y del espacio[13], que quieren imperiosamente vivir su propio trauma. Ellos nos asaltan con su multiplicidad polifónica, en la que no existe la verdad (128), sino la eterna condena por liberar su dolor (153) mediante la representación escénica que les ha sido negada, porque quien los concibió los dejó sin identidad (158). Esa es su mayor tragedia, la que abre el drama a posibles interpretaciones cercanas a la soledad existencial y al absurdo del mundo contemporáneo.

La obra, dividida en dos partes, y esta última, a su vez, en otras dos secciones, da comienzo en un escenario prácticamente vacío, en fase de preparación para el ensayo de una obra del mismo Luigi Pirandello, *Il gioco delle parti* de 1918 (*El papel de cada cual*). En él están presentes las dis-tintas figuras necesarias para su realización: el tramoyista, el apuntador, el director y los actores. De repente, mientras el Director intenta iniciar el ensayo, irrumpen en el patio de butacas seis figuras extrañas, con máscaras sobre el rostro. Estos, al presentarse al Director de la compañía, se iden-tifican como una familia peculiar, seis personajes que buscan a un autor para poder representar su drama familiar y dar vida artística a la ficción de su propia historia perturbadora, de la que no queda exenta una cierta, aunque pequeña, dosis melodramática, superada, en razón de la potencia

---

ción (1929). Estas dos obras, junto a los *Seis personajes*, constituyen la trilogía piran-delliana del teatro en el teatro. La metateatralidad está también presente y es esencial en *Los gigantes de la montaña* (1937), la obra póstuma del dramaturgo siciliano.

[13] Debemos recordar que la acción dramática no está sujeta a anclaje temporal ni a ubicación espacial. Por el vestuario de los actores y del director de la compañía, a través de los pocos objetos presentes en el escenario y a través de las canciones que tararea la Hijastra sabemos, sin embargo, que nos encontramos en los años en los que el drama se representa.

de la fantasía sexual que recorre toda la obra y de la teorizaciones teatrales y filosóficas del propio Pirandello, realizadas a lo largo del texto. Estamos, pues, ante una historia envuelta en el escándalo y en la provocación, con respecto al resquebrajamiento del mito de la beatitud de la familia italiana[14] y con respecto a la irrupción de los posicionamientos estéticos y poéticos del propio autor dentro del drama representado.

Entre los temas concretos de los personajes: del Padre, de la Madre, de la Hijastra, del Hijo, del Muchacho y de la Niña, cabe destacar el adulterio y la duplicidad familiar, planteados, sin embargo, con un prisma absolutamente novedoso y revolucionario. Ahora en realidad todo tiene que ver con el desdoblamiento, con un adulterio marcado por la fuerza de lo irracional, dictado en primera instancia por la prepotencia del Padre. En la obra, todos los personajes son culpables e inocentes al mismo tiempo, todos viven dentro de un destino trágico y cómico a la vez, a excepción de los dos hijos pequeños de la Madre, quienes no tienen acceso a la palabra y representan la inocencia en estado puro. La exasperación doliente del trauma de los personajes tiene además por finalidad reflexionar sobre el teatro, hablar de la imposibilidad de separar la representación de la vida de sus formas sociales y antropológicas, previamente preestablecidas, e interrogarse acerca de todas las posibles potencialidades artísticas de la dramaturgia, emanadas de los fantasmas y de la otredad interior, en continua lucha con la norma.

6. El otro, lo otro y la doble familia de los *Seis personajes*

Dicho esto, no debemos olvidar que el Hijo es el primer otro, al que el padre envía al campo para una crianza en salud y fortaleza, alejándolo de la Madre. El otro es también el empleado del Padre, supuesto amor de la esposa. Por ese otro, el Padre manda a vivir a la Madre su amor extraconyugal fuera del matrimonio legítimo. Otro es también el empleado, padre de los tres hijos de la Madre con respecto al Hijo legítimo. Otro, el Padre en relación a la Hijastra, otros son los cuatro personajes que se instalan en la casa del Padre, en relación con el Hijo primogénito, una vez descubierta la posible relación incestuosa entre la Hijastra y el Padre. Y por último, en la obra, la otredad absoluta está representada en Madama Pace, cuando esta aparece y desaparece en la obra como un absoluto fantasma. Ella es la causante material más directa de la última desgracia de la familia. En ella se

---

[14] La familia, como ha dicho Giovanni Macchia, es para el escritor siciliano la habitación de la tortura (Macchia, 1992: 37-42).

concentra además la fuerza de lo grotesco pirandelliano, ya expuesta en *El humorismo*, mediante el retrato de la vieja señora (142-144).

Dentro de este juego entrecruzado de espejos, de dobles miradas y de responsabilidades culpables, a las que se enfrenta al espectador, todos los personajes de la «comedia por hacer» son al mismo tiempo verdugos y víctimas (128-129) de un laberinto de incomprensiones y de pasiones fogosas, de un juego de ficciones y de representaciones identitarias (157-158) que impiden conocer la verdad y que nos enfrenta a la teatralización del vivir y a la sombra de la locura. Todos los personajes desean, por tanto, confesar su 'falta' ante la compañía, ante el Director y ante el público, para revivir su eterna condena, aliviar su angustia y hacer comprender a los demás su total desamparo.

La Madre, representación de la angustia, encerrada en su posición de sumisión y de desvalimiento, busca ser comprendida por su aceptación justificada con respecto al segundo 'marido'. La Hijastra solo vive para la venganza, pero también para la compasión que siente por sus hermanos pequeños, sobre todo con respecto a la niña. Por otra parte, a pesar de sur ira, descarada e hiriente, ella también despierta piedad en el público. Ella, como la Sofía de *Crimen y castigo*, se prostituye por la familia y vive obsesionada por el trauma del incesto con el Padre/padrastro. Él muestra continuamente, a su vez, su arrepentimiento, confiesa su culpa por haber intentado, desde su 'generosidad' patriarcal, alejar a la madre del Hijo para permanecer tranquilo en su intelectualismo burgués. Se confiesa culpable también por haberse dejado llevar por la animalidad de la carne, abandonando su nobleza espiritual en un intercambio sexual mercantilizado con muchachas económicamente desfavorecidas. El Hijo, desde su extrañeza más absoluta, exhibe en todo momento su desdén e intenta ser comprendido en su soledad del primogénito de una familia burguesa inexistente.

Como se ve claramente, el tema del adulterio, central en el teatro burgués del xix, queda aquí diluido, con el objetivo de enfrentar al espectador a la tragedia cómica de una familia desdoblada, donde la rabia, la angustia, la culpabilidad, el desprecio, la legitimidad y la ilegitimidad, los celos y el dolor en solitario sumergen a los personajes, a la compañía y a todos los presentes en el teatro en un total asombro, no exento de perplejidad y de continuas dudas. Pero los temas novedosos y revolucionarios de la obra de Luigi Pirandello, encarnados en sus seis personajes, y sobre todo en el Padre, en la Hijastra y en el Director, son también de orden filosófico, psicológico y metatetral, y están estrechamente enlazados con la visión relativista, pesimista y traumática del mismo escritor.

7. Las reflexiones metateatrales en los *Seis personajes*

A la historia de los personajes, arrojados a la vida sin poder gozar de la eternidad de la literatura, tenemos que añadir la importancia de la novedad temática, relativa a la teoría teatral pirandelliana, expuesta claramente a lo largo del desarrollo de la pieza, de forma transversal. El autor, a través del Padre, de la Hijastra y del Director (los tres grandes personajes de la tragicomedia), reflexiona ante el público sobre las distintas técnicas dramáticas y escénicas de representación, sobre el estatus ontológico de los personajes y de los actores, así como acerca de la naturaleza del teatro en Italia. Desde los primeros momentos, a partir de la primera parte del texto, la reflexión metateatral se hace evidente en la obra (Pirandello, 2011: 112, 117). El Padre, la Hijastra y el Director debaten sobre la novedad del drama por representar y acerca de cómo los seis personajes se van a convertir en nueva materia dramática, en la que ellos mismos van a verse vivir (130), al desdoblarse y al improvisar su guión vivencial, como en la comedia del arte, reflexionando de nuevo sobre la autonomía del personaje (131).

A su vez, en la segunda parte, tanto en las didascalias como en los diálogos entre los tres grandes protagonistas, se asiste a la teorización pirandelliana sobre la vida, el arte y el teatro, al diálogo sobre el simulacro de la escenografía (133), sobre el naturalismo escénico (134), sobre la necesidad de fijar el texto dramático o dejarlo a la mera improvisación, sobre la interiorirización existencial del actor con respecto a la vida del personaje o sobre la imposibilidad de que el actor pueda representar su fuerza fantástica (135, 137).

Asimismo las disquisiciones del Padre y del Director sobre la teoría del personaje intensifican la visión metateatral del drama. Vuelven, por tanto, a incrementarse en la obra las posiciones críticas del autor sobre la realidad del teatro de la época, ya que Pirandello está meditando aquí acerca del método de representación actorial y de cómo la vida del personaje se puede o no convertir en encarnada realidad a través del actor (150). Pirandello se posiciona, a través de sus personajes, acerca de lo versomímil teatral, acerca de la censura (150, 151), del necesario equilibrio escénico entre los distintos personajes del drama y su disposición dentro de este (151). Su teorización metateatral se incrementa considerablemente en los últimos diálogos de la segunda parte. Aquí se discute sobre la autenticidad y sobre la realidad vivencial de los personajes (158, 159), sobre cómo se debe estructurar el drama, sobre cómo hay que simultanear y disponer sus distintas acciones dramáticas (161) y sobre la versomilitud de la puesta en escena (162-163). Se define qué es un escenario («un lugar donde se juega a hacer las cosas de verdad»)

(165), cuál es la real función del teatro («convertir la vida en un espectáculo») (167), para concluir, en el cierre de la representación, con la imposibilidad de destinguir entre fantasía y realidad (169). Es decir, a través de las diferentes figuras de la compañía, pero sobre todo mediante el Director, el Padre y la Hijastra, Pirandello se reafirma en todas sus posiciones dramatológicas y en sus planteamientos filosóficos y estéticos sobre la realidad artística y teatral, planteando contemporáneamente, mediante sus *Seis personajes*, su novedosa concepción del hecho teatral.

8. Nudos dramáticos centrales en los *Seis personajes*

A continuación recordamos de forma esquemática los haces temáticos sobresalientes en el drama pirandelliano de 1921.

1. La fijación de los roles existenciales de las distintas figuras o personajes, anclados en pasiones irracionales y tormentosas, los hacen esclavos de una máscara eternamente repetida: la culpa en el Padre, la venganza en la Hijastra, el dolor y la angustia en la Madre, el desprecio en el Hijo (Pirandello, 2011: 89, 108), hecho que nos conduce a toda la teorización pirandelliana sobre la vida y la forma; es decir, la pretensión humana de fijar el flujo continuo de la existencia en formas inamovibles, inmutables, en papeles y roles que hacen de los seres humanos eternos personajes, condenados a la repetición neurótica de su parte escénica, frente al fluir continuo, múltiple y variable de la existencia.

2. El relativismo cognitivo o la incapacidad de llegar objetivamente al conocimiento de lo real y, por tanto, a la 'verdad'. Cada personaje, al ver la realidad dramática desde su coordenada existencial, desde su propio ángulo de visión, ciego de sus propias pasiones, es incapaz de comprender el punto de vista del otro. En consecuencia, cada uno de los personaje vive en la más absoluta soledad, en el total aislamiento y en la eterna condena a la incomprensión (Pirandello, 2011: 118, 119, 123).

3. Lo único que les queda a los seis personajes es su dolor, su culpa y su rabia (88).

4. Todo individuo es *uno, ninguno y cien mil*[15] a la vez. Por eso el instinto,

---

[15] *Uno nessuno e cento mila* (*Uno, ninguno y cien mil*) es la novela de Pirandello de 1926, en la que se habla de la multiplicación enajenante de Angelo Moscarda; el protagonista acabará en el manicomio.

el inconsciente y el sexo son las fuerzas irracionales que derrumban la honorabilidad del Padre y el honor de la Hijastra. Por lo tanto, Pirandello vuelve a plantearse la división y la multiplicación del sujeto contemporáneo, confesando, mediante la repetición obsesiva de un mismo motivo temático, su pulsión sexual[16]. No hay fronteras claras entre el mundo de la fantasía y el de la realidad. Nuestros fantasmas internos, nuestras obsesiones, nuestros deseos, frustrados y reprimidos, son más fuertes que la concreción material de lo real. Por eso, los personajes dramáticos, nuestros fantasmas y nuestras fantasías, están más vivos que muchos de nosotros (*Diálogo entre la señora Frola y el señor Ponza, su yerno* y su adapatación teatral *Così è così vi pare* (*Así es si así os parece* de 1917)).

5. La tragedia se mezcla con la comedia, la pasión de venganza más doliente con la risa más procaz y, por tanto, grotesca. La fusión de los contrarios es la única vía de acercamiento a lo real, hecho que conlleva una aceptación lacerada y esquizofrénica de nosotros mismos y de nuestros comportamientos (90).

6. *Seis personajes en busca de autor* representa una clara ejemplificación de la teoría pirandelliana sobre el humorismo.

7. La vida es un teatro y la *mise en abyme* de la misma obra pirandelliana nos habla de la condena del propio autor a un continuo desdoblamiento: nos «vemos vivir desde fuera» y «la vida verdadera es la que se escribe»; es decir la que se teatraliza, y no la que se vive.

8. La incapsulación del teatro dentro del teatro o la llamada metateatralidad hacen del vivir cotidiano una continua representación descreída, grotesca y absurda de la existencia (Pirandello, 2011: 91).

9. La maternidad hace de la madre de los *Seis personajes*, como de muchas otras mujeres-madres en Pirandello, seres ajenos a su condición de mujeres. Ella, la Madre, es una metáfora y una alegoría de la Maternidad sufriente y abnegada (116), típica de la ancestral Sicilia pirandelliana.

10. La Hijastra es la metáfora dramática del drama y de la condición de marginalidad y de abandono de muchas muchachas de la burguesía empobrecida de la Italia de principios del siglo XX.

11. En la obra se insiste en la fuerza imperiosa de la sexualidad, mez-

---

[16] Sabemos que el amor, el erotismo y la sexualidad fueron puntos muy conflictivos en la vida de Luigi Pirandello. Recuérdese el parlamento en el que el Padre reconoce su 'animalidad' (Pirandello, 2011: 145).

clada en este caso con el deseo incestuoso y el voyerismo. El Padre, por el 'bien' de la Madre, a la que ha arrebatado al hijo, incita a esta a vivir con su empleado. De esta unión nace la Hijastra y, siendo esta una niña, el Padre, marido legítimo de la Madre, la sigue hasta el colegio. La Hijastra hace en la obra una clara alusión a los deseos pederastas del padre. Este es un tema poco estudiado por la crítica pirandelliana[17], pero en nuestra opinion muy importante a la hora de vertebrar la multiplicidad contradictoria del sujeto contemporáneo. Recordemos los pasajes del texto.

HIJASTRA: ¡Y no solo eso! Yo era muy pequeñita, ¿sabe? Con mis trenzas sobre los hombros y las braguitas más largas aún que la falda. Así de pequeña. Y me lo encontraba siempre al salir del colegio. Quería verme crecer…
PADRE: [...] Por eso, y esta es la verdad, aunque a usted le parezca extraño, sentí primero curiosidad y después una rara atracción por aquella nueva familia que había surgido gracias a mí; [...]
HIJASTRA: ¡Seguro! Me seguía por la calle, me sonreía, y, cuando yo llegaba a mi casa, me decía adios con la mano, así. Yo no le quitaba los ojos de encima, sorprendida. No sabía quien era. Se lo dije a mi madre y ella entendió inmediatamente de quién se trataba (*La Madre asiente*). Durante bastantes días, al principio, no me mandó al colegio. Cuando por fin pude ir, lo volví a ver a la salida, ridículo, con un gran paquete en las manos. Se me acercó, me acarició, y sacó del paquete un regalo para mí: un bonito sombrero de paja con su guirnalda de florecitas (Pirandello, 2011: 122-123).

La problemática escabrosa de la sexualidad fuera de la norma queda puesta de manifiesto en símbolos eróticos repetidos a lo largo de la obra, como, por ejemplo, las falditas cortas de la niña-hijastra, que dejan verle las braguitas, o el regalo del sombrerito que quiere hacerle a la salida del colegio; el mismo fetiche erótico, el sombrero, que en la casa de citas el Padre quiere regalar a la Hijastra-prostituta (Pirandello, 2011: 145). Por otra parte, el comportamiento del Padre con la joven Hijastra, en el taller-próstibulo de Madama Pace, nos enfrenta en la obra a la crueldad despiadada del personaje masculino, frecuente cliente sexual de Madama Pace, con respecto a la joven prostituta, vestida de luto, tras la muerte de

---

[17] Estas reflexiones sobre la pedofilia del padre han estado siempre presentes en mis clases sobre la obra pirandelliana. De entre los criticos, solo Paolo Puppa aborda también este tema en su obra del 2021 (Puppa, 2021: 28-41)

su padre (146). Es en este momento cuando se hace repetir a la Hijastra la pregunta clave que deshonrándola por completo intenta exculpar en cierta forma al Padre de su culpa: «Digo yo que no será la primera vez que viene usted a esta casa, ¿verdad?» (145); cuestión posteriormente planteada por el Director a la Primera Actriz en el intento de representar la escena sexual entre el Padre y la Hijastra para la prueba (148).

12. El teatro es concebido como una variante de la locura. Se adelanta así la temática central de *Enrique IV* (Pirandello, 2011: 110, 111).

13. La negativa del autor a inscribir a sus personajes en el registro literario, dejándolos vagar en el limbo, sin posible catarsis confesional, deja abierta la puerta a la profunda soledad sin solución del sujeto de la contemporaneidad (91).

14. El juego continuo de la insistente *mise en abyme* dramática crea un impacto emocional y cognitivo importante entre el público. Dicho juego es una variante más del efecto enajenante del espejo, *topos* recurrente en las distintas obras del autor.

15. El juego de las cajas chinas y de la metateatralidad favorece asimismo la confusión y la pérdida de seguridades epistemológicas y psicológicas en el espectador.

16. La obra representa la unión de la intelectualidad y de la abstracción pirandelliana con la fuerza irracional de las pasiones sexuales y familiares más devastadoras.

17. La provocación, el escándalo y la paradoja que suscita la obra pusieron en crisis los pilares de la sociedad italiana de la época: la familia, el amor, el honor de los otros y el propio, la concepción tradicional del teatro y, por tanto, de los ideales de toda tradición estética.

9. Pirandello y Unamuno

De todos es sabido que Miguel de Unamuno era un gran conocedor de la literatura italiana. Las semejanzas entre su novela *Niebla*[18] (1914) y los *Seis personajes* es muy estrecha, en lo que se refiere al diálogo entre el personaje y su autor. Sin embargo, en el caso de *Niebla*, el autor español da muerte a su protagonista.

Aunque algunos críticos han hablado de una posible influencia entre el autor italiano y el español, otros, siguiendo las palabras del mismo Unamuno, creen que se trata de una mera coincidencia. Ambos escritores son

---

[18] En un principio, los *Seis personajes* darían vida a una novela.

hijos de la misma crisis y del mismo círculo hermenéutico, y se sirven de la literatura, de los cuentos, de la novela y del teatro como narración, dramatización y personificación de su mundo y de su misma existencia; así dan vida a sus fantasmas y a sus propias obsesiones. Estos son sus reales personajes.

BIBLIOGRAFÍA

Bibliografía primaria

Pirandello, L. (2002): «Esencia, caracteres y materia del humorismo», *Cuadernos de Filología Italiana*, 7, 95-130.

Pirandello, L. (2011) [1992]: *Seis personajes en busca de autor, Cada cual a su manera, Esta noche se improvisa*, trad. de M. A. Cuevas, Madrid, Cátedra.

Pirandello, L. (2014): *Sei personaggi in cerca di autore*, G. Davico Bonino (ed.), Turín, Einaudi.

Bibliografía secundaria

Borsellino, N. (2000): *Ritratto e imagine di Pirandello*, Roma, Laterza.

Luperini, R. (2011) [1992]: *Introducción* a Luigi Pirandello, *Seis personajes en busca de autor, Cada cual a su manera, Esta noche se improvisa*, traducción de M. A. Cuevas, Madrid, Cátedra, pp. 9-68.

Gioanola, G. (2000) [1983]: *Pirandello e la follia*, Milán Jaka Book.

Gioanola, G. 2007: *Pirandello's story. «La vita o si vive o si scrive»*, Milán, Jaka Book.

Giudice, G. (1963): *Pirandello*, Turín, UTET.

González Martín, V. (1978): *La cultura italiana en Miguel de Unamuno*, Salamanca, Biblioteca Unamuno.

Lauretta, E. (1980): *Luigi Pirandello. Storia di un personaggio fuori di chiave*, Milán, Mursia.

Luperini, R. (1999): *Pirandello*, Roma, Laterza.

Macchia, G. (1992) [1981]: *Pirandello o la stanza della tortura*, Milán, Mondadori.

Martínez Garrido, E. (2003): *Introducción* a *El humorismo* de Luigi Pirandello, El Escorial, Cuadernos de Langre, pp. V-XXVII.

Muñiz Muñiz, M. N. (1997): «Sulla ricezione di Pirandello in Spagna (le prime traduzioni)», *Quaderns d'Italià*, 2, pp. 113-148.

Puppa, P. (2021): *La recita interrotta. Pirandello: la trilogia del teatro nel teatro*, Roma, Bulzoni.

Vicentini, C. (1997): *Pirandello e il disagio del teatro*, Venecia, Marsilio.

Enrique IV de Luigi Pirandello: el teatro y la vida, la imagen congelada en el tiempo y la locura

1. TRAGEDIA EN TRES ACTOS. TRAMA, ARGUMENTO Y ESTRUCTURA

El estreno de *Enrique IV* de Luigi Pirandello, con el conocidísimo actor Ruggero Ruggeri como personaje central, tuvo lugar en febrero de 1922 en Milán. Fue un gran éxito. Para algunos, la obra debe ser considerada, junto a *Seis personajes en busca de autor*, el pilar básico del teatro pirandelliano y de toda su poética, ya que en ella se lleva a escena el eterno conflicto entre la máscara, la vida y el arte, el personaje y la imposibilidad de llegar a ser persona, entre la fijación de las normas sociales, el fluir continuo de la vida y la problemática del desdoblamiento, todos ellos conflictos temáticos ya presentes en *El humorismo*. Estamos, por tanto, ante la consiguiente imposibilidad de obtener, para el sujeto contemporáneo, una identidad mínimamente estable.

Pero sin lugar a dudas, el tema central de la tragedia de 1922 es la locura, estrechamente ligada a la máscara y a la teatralización del vivir, todos ellos nudos dramáticos obsesivos para Pirandello; en la tragedia del 22 estos quedan envueltos en una continua *mise en abyme* entre el fingimiento, el simulacro y la representación teatral por parte de todos los personajes de una tragedia que, si bien es de apariencia barroca, está rehecha, sin embargo, según los presupuestos existenciales y epistemológicos del siglo XX, a la luz del humorismo pirandelliano. Por ello, la tragedia del protagonista se convierte también en una comedia amarga[1]. Por tal motivo la

---

[1] Aunque en el acto I, en el diálogo entre los falsos pajes de Enrique IV, tras la llegada de Bertoldo, se habla de tragedia: «[...] en la historia de Enrique IV hay materia sobrada para sacar no una sino varias tragedias» (Pirandello, 1968: 125) y Giovanni anuncia en la escena siguiente que cuando lleguen los personajes principales «va a haber una tragedia» (130), a lo largo de todo el texto la presencia semántica de la palabra *buffonata* (mascarada), de lo carnavalesco y de lo grotesco hacen que el dolor de Enrique IV se revista también de los ropajes de la comedia. De hecho, en el acto II, Enrique IV, al revelar su recobrada salud a sus servidores, después de que estos le confiesan que ellos se hubieran comportado con él de otra manera, si hubieran sabido que no estaba loco, pero que no lo sabían..., el protagonista les pregunta: «¿Qué,

venganza toma cuerpo en *Enrique IV*, pero no así la obtención absoluta de la verdad, ahora imposible[2]. Recuérdese que al comienzo del acto III, las didascalias nos dicen que el silencio total de la sala hace sospechar al personaje principal si está loco de verdad (Pirandello, 1968: 190). Porque, aunque esté curado, se hace pasar por tal.

En consecuencia, el protagonista de la obra, respetuosa de las unidades clásicas de acción, tiempo y lugar, representa el drama de un aristócrata sin nombre (como Matías Pascal, al término de la novela), quien, a causa de una caída del caballo, durante una fiesta de Carnaval, en la que iba disfrazado como el emperador Enrique IV de Alemania[3], pierde la razón y cree ser su eterna figura histórica. Enternecidos, el resto de los amigos-personajes deciden secundar su locura y representan ante él, en una falsa corte del Medioevo, su drama político y sentimental, siguiéndole la corriente al pie de la letra. Todo *Enrique IV*, es, por consiguiente, una continua reelaboración teatral (Pirandello, 1968: 143, 149, 150, 185). Y el protagonista, esclavo de su máscara, al final de su tragedia doliente vivirá «en la lúcida conciencia de su locura, para vengarse (con la muerte de Belcredi) de la brutalidad de una piedra que le había machacado la cabeza» (Pirandello, 1968: 196). Por tanto, todo en la obra pirandelliana es teatro, desde el comienzo mismo del texto, con la recepción del nuevo criado y su confusión entre los distintos guiones históricos que deben marcar su papel,

---

estabais representando por burla esta comedia? (186)». Al final del acto III, dice de sí mismo a Belcredi que deambula por la sala como un personaje trágico (197). Es decir, como ya sabemos nos encontramos ante una comedia trágica o ante una tragicomedia, en el sentido otorgado por Pirandello a lo humorístico. Como dice Belcredi, el rival, en el último acto, en relación a Enrique IV y a la venganza de sus últimos ocho años de simulacro actoral, el protagonista llevó a cabo una «pretendida broma de un día de carnaval» (194). Aunque esta, como sabremos al final del drama, fue tramada por rivalidad.

[2] La única certeza que queda al final de la obra es la de la imposibilidad de vivir para sí mismos y la victoria de *Thanatos* sobre *Eros*.

[3] Enrique IV (1050-1106) fue rey germánico a partir de 1056, y emperador del Sacro Imperio Romano Germánico desde 1084, hasta su abdicación en el año 1105. Enrique IV también trató de reforzar su poder a través de la provisión de beneficios y títulos eclesiásticos, comenzando por este motivo su enfrentamiento con el papa Gregorio VII, en enero de 1077, cuando el emperador convocó un Concilio en Worms. Con este hecho derrocó al papa, quien un mes más tarde recuperó el poder y lo excomulgó, de modo que se vio obligado a reconocer públicamente la autoridad de Gregorio VII en el Castillo de Canossa, en la provincia septentrional italiana de Reggio Emilia, en ese mismo año.

hasta la aceptación dolorosa por parte del protagonista de su máscara definitiva, una vez que ha consumado la venganza, condenándose así, hasta el fin de sus días, a la continua teatralización del vivir.

Lo cierto es que después de doce años de 'enfermedad', el protagonista recupera la 'salud', pero opta por fingir y simular su locura durante otros ocho más, con el objetivo de burlarse de quienes le hicieron daño en el pasado, tal vez también con la finalidad de poder conocer la 'verdad' sobre su fatal accidente. Al final, sin llegar a saber del todo si vive en la ficción o en la realidad, presa de la máscara del emperador alemán y de la memoria de aquel que él mismo fue, el protagonista lleva una vida de perpetua alienación y de encierro; una vida que representa el engaño cruel que le ha impedido vivir la suya propia y obtener el amor de Matilde Spina. Por eso, en el último acto, al enfrentarse con Frida, la hija de Matilde, retrato viviente de la que fue su amada en el pasado, decide perpetrar su venganza contra Tito Belcredi, el otro, el rival en amores, el que provocó su caída y su consiguiente desgracia. Así se convertirá en un loco para siempre (Pirandello, 1968: 200).

Tras el asesinato de Belcredi, a manos de Enrique IV, que en ese momento parece representar y fingir ser tal, al protagonista no le queda otro remedio que aceptar eternamente su papel. El hombre, que desde hacía veinte años se había disfrazado de emperador alemán, primero por razones de amor, en segundo lugar, por enfermedad, en tercero por hábil engaño, al final lo hará por trágica obligación, convirtiéndose así, al adoptar para siempre su disfraz, en metáfora de la disociación pirandelliana y del drama amargo del yo contemporáneo.

El gesto póstumo del personaje no es, sin embargo, solo una huida existencial. Pirandello presenta nuevamente ante los ojos de los espectadores el cuestionamiento de la vida reglada, según las normas sociales, vigentes en su época, y la lógica devastadora de la 'normalidad'. La venganza violenta del que había creído ser Enrique IV puede ser vista, en consecuencia, como una rebelión y un rechazo a las continuas mascaradas sociales, las que tantas veces nos obligan a ser payasos involuntarios, cuando sin saberlo nos disfrazamos de lo que creemos y nos obligan a ser, vistiéndonos con determinados ropajes, para cumplir nuestro papel, sin saber quiénes somos en realidad: «Esto (se sacude el sayo), esto que para mí es la caricatura, evidente y voluntaria, de esta otra mascarada continua, de cada minuto, de la que somos payasos involuntarios (señala a Belcredi), cuando sin saberlo nos disfrazamos de lo que nos parece que somos [...]» (Pirandello, 1968: 172).

Enrique IV es, pues, uno texto genuinamente pirandelliano por su reflexión filosófica y por su intensidad dramática, cercana a los presupuestos fenomenológicos y existencialistas del siglo xx. Además, la polisemia de la tragedia depende de la estructuración de sus distintos niveles dramáticos y escénicos:

1. Del sentimental-psicológico del drama burgués decimonónico, el que esboza los distintos conflictos interpersonales, basados en el triángulo de mediación deseante, entre el protagonista, Matilde Spina y Tito Belcredi, en parte reproducido en la pareja de Frida y su prometido Carlo Di Nolli, sobrino del personaje principal.

2. Un nivel abstracto-intelectual, centrado en las vicisitudes existenciales de Enrique IV, con un claro trasfondo filosófico, donde la muerte y el tiempo ocupan un espacio central.

3. Y, en un último lugar, un nivel metateatral, donde Pirandello, a través del fingimiento de Enrique IV y de la representación de su séquito, reflexiona, como en gran parte de su teatro, sobre el conflicto dramático, sobre su consecución ontológica y sobre la imposibilidad contemporánea del género trágico, resultado de su misma disquisición sobre el humorismo y su complejidad disociativa.

2. *ENRIQUE IV* DE LUIGI PIRANDELLO: ¿TRAGEDIA Y COMEDIA A LA VEZ? Ya en una carta de Luigi Pirandello a Ruggero Ruggeri, fechada en septiembre de 1921, el autor hablaba, en la presentación de su propia obra al actor, a distancia de pocas líneas, de tragedia y de comedia a la vez. El uso del término 'tragedia' es una decisión muy comprometedora para el autor, ya que la usó en contadas ocasiones. Pirandello pone en relación *Enrique IV* con las tragedias históricas del teatro clásico y de los grandes autores del Barroco, sobre todo con Shakespeare.

Es decir, *Enrique IV*, definido por el mismo autor como una tragedia, nos presenta como héroe al no héroe moderno; a un hombre con propensiones a la recitación, al teatro y a la exaltación, raro y lleno de vida, desde su primera juventud (Pirandello 1968: 141), a un loco que, tras caer del caballo, se convierte en un sabio existencialista. Él, a sus cincuenta años, es consciente de sus graves jirones existenciales, en un mundo que ya no se sostiene ni con los mitos ni con los dioses ni con las pasiones heroicas de los antiguos. El protagonista del drama pirandelliano de 1922, además de ser un 'ahéroe' moderno, es un personaje parodiado, el que mejor representa la teoría pirandelliana del humorismo. Él suscita la risa y el llanto piadosos en todos nosotros, incluso el temor, a pesar de estar cargado de dolor existencial, de rabia y, en muchos momentos, de inocencia candorosa. Piénsese en su primera aparición en escena, al final del primer acto, en la descripción que de él hace el autor:

> Este está cerca de los cincuenta años, es palidísimo, y tiene ya el cabello gris en la parte trasera de la cabeza, mientras que en las sienes y en la frente lo tiene rubio, gracias a un tinte casi pueril y evidentísimo. En las mejillas, sobre la trágica palidez, lleva un maquillaje de muñeca, evidentísimo también. Sobre las ropas regias lleva un sayo de penitente, como en Canosa. Tiene en los ojos una fijeza dolorosa que asusta, en contraposición con la actitud corporal que pretende ser de arrepentida humildad, tanto más ostentosa cuanto más siente que ese rebajamiento es totalmente inmerecido (Pirandello, 1968: 151).

En *Enrique IV*, en consecuencia, como en gran parte de la escritura de Pirandello, se funden, por tanto, la realidad trágica con la cómica. Ambas realidades están siempre unidas.

Como dice Anselmo Paleari a Matías Pascal, en la novela pirandelliana de 1904, *El difunto Matías Pascal*, la tragedia de Orestes se representa en Roma, en un teatro de marionetas y en la escena, donde el cielo de papel estrellado se rompe y deja ver a los personajes y al público la mera realidad, la que quedaba escondida y ennoblecida tras el mundo trágico y mítico de los dioses y de los héroes antiguos.

> Me permita decirle que Orestes sentiría aún el impulso de la venganza, querría seguirlo con una pasión ilimitada, pero en ese mismo instante, sus ojos recaerían sobre el jirón del papel del escenario. Y desde ese mismo momento, todas las malas influencias penetrarían en la escena, y él se sentiría impotente. En resumidas cuentas, que Orestes se convertiría en Hamlet. Esta es la diferencia principal entre la tragedia antigua y la moderna, todo estriba en el agujero del cielo del papel del escenario[4].

Por eso, el personaje que se disfraza de Enrique IV, siguiendo los pasos de Hamlet, no solo cree saber y dudar, contemporáneamente, de lo

---

[4] Este famosísimo pasaje del capítulo XII de *El difunto Mattia Pascal*, titulado *El ojo y Papiano*, constituye el centro del relativismo gnoseológico pirandelliano y es una clara ejemplificación del sentir lacerado y tragicómico de su humorismo (Pirandello, 1998: 220-221).

que recuerda haber vivido, incluso de su propia locura, sino que necesita además fingir, vivir representando su papel, para intentar llegar a conocer la verdad última de la *buffonata* que se celaba tras la fiesta de disfraces y la hipocresía de la 'corte' *novecentesca* de su juventud. Su risa doliente sirve para hacer comprender al resto la vacuidad de la existencia.

Sin embargo, la escisión entre los hechos acaecidos y su último sentido hace, en cierta manera, imposible la tragedia, porque el género, tal y como era entendido por los clásicos, exigía una totalidad pasional y una perfecta identificación entre el personaje y el papel que representaba. Dentro de este proceso de resquebrajamiento trágico, sin lugar a dudas, Hamlet comienza a ser la excepción, porque la modernidad de Shakespeare abre la vía a los conflictos existenciales contemporáneos.

Sobre la pista shakespeariana, la experiencia teatral de Pirandello se basa en la consciencia de la imposibilidad trágico-heroica del ser humano y en la total ruptura del aura sublime del género trágico. Para el autor italiano, por tanto, todo se funde en un oxímoron dramático, donde los contrarios dan lugar a una nueva realidad genérica, mixta: el humorismo. Pirandello nos coloca, pues, ante la autonomía de los personajes con respecto a su autor y ante la desacralización del momento artístico. Es decir, ante la revelación nihilista de la abolición de la retórica dramática, en la que se llega a la misma desestructuración del acto escénico (Luperini, 2008: pp. 67-90).

Por este motivo, con *Enrique IV*, aunque parece que nos asomamos a una tragedia histórica, nos alejamos radicalmente de ella. La tragedia pirandelliana queda absolutamente lejos de los hechos de la historia, que no cuentan en absoluto para el desarrollo tragicómico de las vicisitudes del protagonista; la historia del emperador es una mera anécdota. La tragedia histórica no puede llevarse a escena porque estamos ante un juego de ficción injertado dentro del drama que se representa, en una mascarada bufonesca y patética que no ha cesado de producir efectos de realidad dramática, desde el mismo momento que tuvo lugar la desgracia. Por otra parte, el rey loco es un aristócrata y burgués que, durante ocho años, ha fingido ser Enrique IV en un escenario mortuorio, realizado solo para él y para su representación enloquecida. El resto de los personajes, desde los criados hasta Matilde, el antiguo amor del protagonista, nunca, ni por asomo, llega a mencionar los hechos trágicos de la 'verdadera' historia del emperador medieval. Los personajes son marionetas, colgadas en la pared, a la espera de que alguien las invite a revivir unos hechos que ya no les pertenecen (Schwarz Lauster, 1997).

Asimismo, la ilusión realista de una representación histórica por parte de Enrique IV se ve continuamente interrumpida con la evidencia dramática de su enmascaramiento paródico: el tinte, el maquillaje exagerado, la vestimenta, las intervenciones fijadas de antemano, pertenecientes a otro nivel estilístico, destruyen el intento de aproximación del personaje al drama histórico. Se rompen así todas las coordenadas del género trágico, haciendo saltar la tragedia histórica por los aires. Enrique IV sale y entra de su papel cuantas veces quiere, según su farsa y sus intenciones vengativas se lo indican. Todo en la obra es una ficción, un juego carnavalesco y tragicómico, rebajado de tono, con respecto a lo que debería haber sido una real tragedia histórica.

La ficción del ámbito histórico es también una mascarada, como la que dio origen al drama. Pero en el origen de la fatal *buffonata* estaba la diversión y la burla. En el texto pirandelliano, a partir del segundo acto, se da, por tanto, la vuelta al juego carnavalesco hasta convertirlo en una seria verdad inasible que es nada más y nada menos que la locura. La tragedia, mezclada con la comedia, se puede hacer realidad solo a partir de la enajenación mental y de su irracional necesidad de teatralización. De esta manera el loco y su enfermedad se convierten, al final de la obra, en una posible lucidez vengativa y al mismo tiempo nihilista; es decir, la locura, con su sentir trágico y paródico, hace pedazos la mascarada, compuesta ahora por su doble contradicción lacerante (Bàrberi-Squarotti, 1978: 89-93). Por eso al final solo reina el vacío, la impuesta representación y el triunfo de la muerte.

Con *Enrique IV* tampoco podemos hablar de drama burgués. Es cierto que Belcredi muere a manos del protagonista por ser su rival, con respecto a Matilde Spina, y por haberlo derribado del caballo. Pero no es aquí donde se encierra el verdadero sentido del texto. Estos elementos, en cierta forma melodramáticos, funcionan como materiales de reciclaje en relación con la tradición decimonónica del teatro burgués, basado en el triángulo amoroso. Pirandello los añadió en el último momento, con la finalidad de agradar al público y hacerle más accesible el drama existencial y la temática filosófica de su personaje. Por otra parte, aunque a primera vista el engaño y la venganza condicionan el destino trágico del protagonista, estos representan en sí mismos, desde su misma condición de loco y de prisionero de su propia enajenación, la dolorosa consciencia ontológica del tiempo y de la muerte, rehecha a la luz de los presupuestos más negativos de la fenomenología de la negatividad.

3. El personaje del loco y del bufón, la carnavalización y el humorismo de Pirandello

El hecho de que el personaje de Enrique IV sea un loco, real, simulado y fingido, según las distintas situaciones de la obra, no es un hecho casual. Primero, porque como ya sabemos el tema de la locura, directamente conectado al de la máscara, se encuentra en el corazón mismo de la experiencia literaria y existencial de Pirandello, así como en muchas de sus reflexiones filosóficas con respecto a la escisión del yo contemporáneo. Por otra parte, la elección de la locura del protagonista nos sitúa ante la personificación del principio estético y filosófico del autor, con respecto a su teoría del arte contemporáneo, anclado definitivamente en la contradicción del reír tragicómico, la esencia del humorismo. En tercer lugar, Pirandello, en cuanto que intelectual, fue un buen conocedor del hecho literario y sabía perfectamente de la fuerza subversiva de las figuras juglarescas, bufonescas y locas de la tradición dramática occidental, directamente ligadas a las prácticas de lo carnavalesco.

Estas, a través de las máscaras, de la risa y de la locura de sus figuras patéticas y grotescas, introducían dentro de las cortes europeas las críticas más feroces y subversivas con respecto a las raíces antropológicas de sus respectivas sociedades. Pirandello, en la primera parte del *El humorismo*, habla de la fuerza sarcástica de la literatura popular en el medievo italiano[5], pero sin duda es su diálogo con William Shakespeare[6] el que nos enfrenta a la figura del *fool*[7] y del bufón. Como sabemos, para el dramaturgo inglés

---

[5] Entre ellos destaca al escritor medieval Cecco Angiolieri (1260-1312) y su poesía paródica con respecto al código lírico del *dolce stil novo*.

[6] Es conocido el diálogo que Pirandello mantuvo con Shakespeare. La escuela italiana ya ha puesto de manifiesto la influencia del autor inglés en la obra del italiano. Cfr. Maria Valentini, *Shakespeare e Pirandello*, Roma, Bulzoni, 1990. La recepción de William Shakespeare en Italia, sobre todo a partir del XIX, ha sido importantísima. Elisa Martínez Garrido, *William Shakespeare en la narrativa italiana del novecientos* en *Cervantes, Shakespeare y la Edad de Oro de la escena*, coord. por Jorge Braga y otros Madrid, Fundación Universitaria Española, 2018, pp. 171-188.

[7] La figura del *fool* imita y reproduce los comportamientos ajenos y finge otros. Con Shakespeare toma cuerpo la forma teatral del *court-fool*, el bufón real, interpretado por actores profesionales. No debemos olvidar que el *fool* representa incluso en la vida, fuera de escena; de ahí que su papel sea parte de su ser, que la ficción y la realidad sean una misma cosa, hasta el punto de que el *fool* representa su propia vida. Es pues un continuo personaje. El loco, el *fuori chiave* por excelencia, condensa en sí mismo toda la fuerza de la metateatralidad.

estos son personajes irreverentes, *fuori chiave* (fuera de clave), sabedores de verdades profundas y mordaces, críticos contra las falsedades y el engreimiento orgulloso de la corte inglesa, en torno a 1600.

No debemos olvidar además que si, como ya ha demostrado la crítica[8], Hamlet gravita sobre el *Enrique IV* pirandelliano, la figura del *fool* y la misma locura patética del *Rey Lear* están también en la génesis del gran personaje pirandelliano y en la piedad que este suscita en determinados momentos. Es cierto, sin embargo, que aquí no nos encontramos ante la problemática del mal, ni ante la crueldad ni ante la injusticia ni ante el deseo de poder en estado puro, como sucede en la tragedia shakesperiana. En *Enrique IV* las pasiones se diluyen tras la alienación y el disfraz de unos personajes vacíos, huecos, que viven estando muertos, solo para el *divertimento* alienante; una droga contra el malestar existencial de la alta sociedad italiana del *Novecento*[9].

Por otra parte, debemos recordar que Pirandello en buena parte de su obra, al tratar el drama de la locura, hace simultáneamente un 'elogio' de la misma, porque para el autor italiano los locos son los que, al destruir la lógica social, más se acercan al *continuum* de la vida y, desde su locura, pueden liberarse se la coerción de su papel. Como dice el mismo personaje de Enrique IV:

[…] A todos conviene, ¿comprendes?, a todos conviene hacer creer que algunos están locos, para tener la excusa de mantenerlos encerrados. ¿Sabes por qué? Porque no resisten oírlos hablar. […] ¡No se puede creer lo que dicen los locos! Y, sin embargo, se les escucha así, con los ojos abiertos de miedo. […] ¿sabéis que significa encontrarse con un loco? Encontrarse con alguien que derrumba los cimientos de cuanto vosotros habéis construido, ¡la lógica, la lógica de todas vuestras construcciones! Y ¿qué queréis? Construyen todo sin lógica, ¡benditos sean los locos! ¡O con una lógica suya que vuela como una pluma! (Pirandello, 1968: 182, 183).

Los locos de Pirandello, como Angelo Moscarda, en la novela pirandelliana de 1926, *Uno, ninguno y cien mil*, al llegar a la locura, aparte de

---

[8] Para mayores detalles sobre las relaciones entre Shakespeare y Pirandello cfr. Manuel Macias Borrego, *Una lectura shakesperiana del* Enrico IV *de Pirandello*, tesis leída en la UCM, bajo la dirección de Elisa Martínez Garrido.

[9] Piénsese en *Los indiferentes* de Alberto Moravia (1929), claramente influida por el Hamlet shakesperiano y por Pirandello, o en *La dolce vita* (1960) de Federico Fellini, o en la *Grande Bellezza* (2013) de Paolo Sorrentino.

socavar y desenmascarar las falsedades de una sociedad uniformizada en la estabilización de sus diferentes roles, son los únicos que pueden acercarse al estado de naturaleza.

4. Un texto dramático para un personaje-actor: Ruggero Ruggieri

El protagonista de *Enrique IV*, el loco que cree ser el emperador de Alemania en lucha contra el papa Gregorio VII, es una nueva tragedia cómica, paródica y doliente, cuyo centro dramático absoluto se fundamenta en las características psicológicas y morales de su personaje principal.

Si en los *Seis personajes* la fuerza de la obra se repartía por igual entre el Padre, la Hijastra y el Director, reservando también un espacio escénico importante al resto de los miembros de la familia, en la obra de 1922 casi todo se resuelve en torno al protagonista-loco-actor, que cree y que finge ser Enrique IV. Se vuelve, pues, a una realidad dramática centrada básicamente en la capacidad y la fuerza del protagonista y del actor principal.

En este sentido, cabe citar la carta que Pirandello escribió a Ruggero Ruggeri el 21 de septiembre de 1921, en la que concebía a su nuevo personaje en función de la gran capacidad de interpretación del actor italiano. Hecho que nos devuelve a la importancia clave del actor-personaje, en esta tragedia y en gran parte del teatro pirandelliano, de conformidad con el peso de los *mattatori* en la escena italiana del momento. Hay que recordar que, a partir de 1925, los dramas de Pirandello son escritos para el 'Arte' de su último gran amor, la actriz milanesa Marta Abba[10]. Sin lugar a duda, el dramaturgo italiano necesitaba encarnar sus ideas en el cuerpo y en el alma de los grandes intérpretes para poder transmitir al público toda la potencia dramática de su creación fantástica; en este sentido hay que mencionar *Esta noche se improvisa* (1930), obra en la que el mismo autor, tras su experiencia como director escénico[11], reflexiona sobre la relación de este con los actores.

Pero volvamos a la carta. Dice el autor:

---

[10] Para ella escribió *Diana e La Tuda* (1927), *Trovarsi (Encontrase)* (1932), *Come tu mi vuoi* (*Come tu me quieres*) (1928/29), *L'amica delle mogli* (*La amiga de las esposas* (1927) *Questa sera si recita a soggetto* (*Esta noche se improvisa*) (1930) y *Los Gigantes de la montaña*, representada tras la muerte del autor, en 1937.

[11] Pirandello a partir de 1925, al dirigir el Teatro Nacional Italiano, se hace también director.

Querido amigo, me apresuro a responder a su carta del 19, que agradezco de todo corazón. La última vez le dije en Roma que estaba pensando en hacer algo para Usted. He seguido pensando en ello y he madurado finalmente una comedia, que a mi entender es muy original:

Enrique IV, tragedia en tres actos de Luigi Pirandello[12].

Después de informar al actor sobre el argumento del drama, continúa diciéndole:

Sin falsa modestia, el argumento me parece digno de Usted y de la potencia de su Arte. Espero ser capaz de lograrlo en toda su dimensión, porque la actividad de mi fantasía está ahora más viva que nunca y en todo su esplendor. Pero antes de ponerme a trabajar, quisiera que Usted me diera su opinión, si lo aprueba y le gusta. ¿Ha visto los *Seis personajes en busca de autor*? Si supiera qué tremendo dolor ha supuesto para mí no haberle podido dar a Usted el papel de la comedia, puesto que rodaba *Sly*. Y en el fondo no es que esté descontento de la interpretación de la compañía Niccomedi, pero me lo había imaginado a Usted y no a Gigetto Almirante en el papel del «Padre». En fin. ¡Paciencia![13].

Es decir, Ruggero Ruggeri, que ya era un actor famoso en Italia y que había trabajado con Gabriele D'Annunzio[14], el gran rival de Luigi Pirandello, se convierte para el dramaturgo siciliano, después de 1922, en uno de los elementos dramáticos indispensables de su teatro[15], y sobre todo de su *Enrique IV*. No debemos olvidar además que el actor italiano había representado en 1915 una nueva versión de *Hamlet*, hecho que para algunos críticos fue la fuente inspiradora de la tragedia pirandelliana de 1922[16].

---

[12] Carta de Luigi Pirandello a Ruggero Ruggieri 1921 – Lettera a Ruggero Ruggeri (con Audio) - Pirandello Web.

[13] *Ibid.*

[14] Para Gabriele D'Annunzio había interpretado en 1904 *La hija di Iorio*, tragedia en tres actos, compuesta en 1903.

[15] Desde 1917 Ruggero Ruggeri había interpretado varios dramas pirandellianos, basados en cuentos del escritor, como, por ejemplo, *Berretto a sonagli* (*Gorro con cascabeles*), del mismo año.

[16] Mary Ann Frese Witt, *Metatheater and Modernity: Baroque and Neobaroque*, Maryland, Fairleigh Dickinson University Press, 2013, pp. 123-125.

5. EL EXISTENCIALISMO ESPONTÁNEO DE PIRANDELLO: LA IMAGEN CONGELADA EN EL TIEMPO

Según Heidegger, el hecho de existir nos lleva a la conclusión misma de nuestra propia existencia y también a la idea de haber sido arrojados al mundo. La única certeza, según el filósofo alemán, es el ser para la muerte, cuya única posible reverberación puede darse en las puntuales epifanías ontológicas. La filosofía existencialista, ya iniciada con el pensamiento de Nietzsche, y con anterioridad por el mismo Giacomo Leopardi, escritor y filósofo italiano muy admirado por Pirandello, arroja al ser humano de la centralidad del universo para abocarlo a un destino incierto, privado de toda teleología, sin seguridades ni apoyos, a excepción del continuo fluir del tiempo, hasta su última meta: el morir.

La idea obsesiva del 'ser para la muerte' está presente en muchas de las obras de Luigi Pirandello (Salsano 2016), en estrecha relación con la crisis epistemológica, psicológica y moral del individuo contemporáneo y con las consecuencias traumáticas que esta comporta en su actuación psicológica, social e intelectual. En esta misma línea, la crítica ha estudiado (Mosena, 2018) las posiciones existencialistas del pensamiento pirandelliano, ya que, detrás de su poética del humorismo y de lo grotesco, sus personajes se adelantan precozmente a las reflexiones de Moravia, de Sartre o de Camus. En *Enrique IV*, las incrustaciones existencialistas cobran una relevancia particular. Estas, en muchas ocasiones a lo largo de la obra, están puestas en relación con la inmovilidad de la imagen.

Desde el primer acto de la tragedia, al leer la primera didascalia, nos sorprende la rigidez del salón de la villa, decorado como la que pudo ser la sala del trono de Enrique IV, una prisión-cementerio, cuyos focos de luz recaen sobre dos retratos modernos, pintados al óleo, que cuelgan de la pared: «[…] me parece un buen anacronismo: dos cuadros modernos aquí en medio de todas estas respetables antigüedades» (Pirandello 1968: 126). Estos, aparte de ser una variante morfológica y simbólica del siempre presente *topos* del espejo pirandelliano (lugar en el que se lleva a cabo la prueba de la identidad del sujeto[17]), y, por lo tanto, de la imagen identitaria y del desdoblamiento, nos acercan también a las reflexiones de Roland Barthes, dedicadas a la fotografía y a la fijación eterna de una imagen ya muerta, desarrolladas en su obra *La cámara lúcida* (1980).

---

[17] El espejo y la imagen que este nos devuelve está también presente en esta misma escena (Pirandello, 1968: 127).

En *Enrique IV*, el drama del protagonista está centrado en la proyección de su imagen en un tiempo otro, pasado. Los retratos de los personajes que fueron jóvenes en el momento de la creación, y son ya viejos, nos enfrentan rápidamente con el nudo dramático clave de toda la obra, la fuga del tiempo, centro propulsor de la tensión de los pensadores del existencialismo. Como nos recuerda Barthes, toda fotografía, en este caso el retrato, invita al pensamiento de la muerte futura; es decir, al ser para la muerte que hay en toda dimensión ontológica. La imagen paralizada en el retrato produce una profunda intensidad emotiva, por la gran concentración de tiempo que en ella queda retenida.

A su vez, como nos recuerda el crítico francés, todo posado, fotográfico o pictórico, nos lleva al desdoblamiento de nuestra imagen y a la teatralidad. El hecho de posar constituye ya un hecho teatral, porque al posar se altera el interior de uno mismo. Quien se retrata, se 'fabrica' y se transforma con anterioridad en imagen, al mismo tiempo que el retrato y el puro hecho se ser fotografiado o retratado nos plantea un serio problema de identidad con respecto a nuestra imagen, con respecto al que creo ser, al que quiero que otros crean que soy, en relación con el que el fotógrafo o pintor cree que soy y con respecto a aquel que yo quiero ser.

Al hilo de estas reflexiones, en *Enrique IV*, podemos dar luz a la presencia reveladora de la temporalidad en fuga y de la condensación memorial de los hechos pasados, de cuya existencia solo queda un retrato, una imagen de quien ya no es en la realidad temporal del presente, pero sí en el mundo atemporal de la locura. Recuérdese que ya en el primer acto de la tragedia, nada más hacer aparición en escena la marquesa Matilde Spina, esta se vuelve a mirar los retratos del protagonista y de ella misma el día de la cabalgata (Pirandello, 1968: 132). Es el momento en el que el desdoblamiento con respecto a la imagen actual de la hija anuncia tanto el intento de curación del protagonista por parte del médico como su furia vengativa, la que, en el tercer acto, dará lugar a la venganza del personaje.

MATILDE: (*volviendo la vista, busca su retrato; lo descubre y se acerca*). ¡Ah, allí está! (Mirando a distancia precisa, mientras nacen en ella sentimientos dispares). ¡Sí, sí...! ¡Oh, mira...! (*llama a su hija*). ¡Frida, Frida...mira!
FRIDA: Ah, ¿tu retrato?
MATILDE: ¡No, no! ¡Mira! ¿no soy yo, eres tú!
[...]
DOCTOR: ¡Perfecto! Puesto que un retrato está allí, siempre fijo en un determinado instante: lejano, sin recuerdo para la marquesita; en tanto que todo

lo que puede recordarle a la señora marquesa: movimientos, gestos, miradas, sonrisas y muchas cosas que allí no están (Pirandello, 1968: 133).

La idea de la fuga del tiempo, del intento de remitirse a la imagen congelada de un tiempo muerto en el pasado, queda también patente al final del acto I, en la primera aparición del protagonista, cuando este finge estar loco ante Matilde, Belcredi y el doctor, disfrazados de personajes medievales. Es el momento en que el personaje dice:

ENRIQUE IV: [...] Y bien, Monseñor, mi verdadera condena es esta o aquella (*Casi con temor señala su retrato en la pared*). ¡Mirad! ¡Y ya no poderme desprender de esa obra de magia! [...] ¡arrancarme de allí! (*señala nuevamente el retrato*) y hacer que viva mi vida, toda esa pobre vida de la que he sido excluido... ¿No se puede tener eternamente veinte años, señora? (Pirandello, 1968: 159).

Asimismo, es de sabor claramente existencialista el comentario de Belcredi, en el acto II, cuando ve a Frida, vestida con el disfraz que su madre llevó el día de Carnaval:

BELCREDI: ¡Oh, qué hallazgo! ¡Pero sí! ¡Mire Usted a Frida y a la marquesa, doctor! ¿Quién está más adelante?... ¡Nosotros, los viejos, doctor! Los jóvenes creen estar más adelante, pero no es así. Somos nosotros los que estamos más adelante, puesto que el tiempo es más nuestro que de ellos. [...] ¡La ilusión es creer que salimos de la vida por una puerta que está delante! ¡No es verdad! Si en cuanto se nace se comienza a morir, ¡quien ha comenzado primero está más adelante que los otros! ¡Y el más joven es el padre Adán! ¡Mírela (*señala a Frida*), ochocientos años más joven que todos nosotros: la marquesa Matilde de Tosana! (*Y se inclina ante ella*) (Pirandello, 1968: 169).

Estamos ante unos comentarios de sabor barroco que nos llevan de nuevo a Hamlet, a la escena II del acto V, en la que el príncipe de Dinamarca encuentra el cráneo del bufón Yorick, porque todo *Hamlet* es en realidad una meditación barroca sobre la muerte. Siguiendo a Jan Kott (2007), aun con todas las reservas que ha suscitado entre algunos estudiosos de Shakespeare, podemos afirmar que el dramaturgo inglés está en la base de muchos de nuestros autores contemporáneos. Pirandello, como hijo de la crisis *novecentesca*, interpreta la modernidad del autor inglés, surgida con la crisis del Barroco, desde las coordenadas de su propio círculo hermenéutico, canalizando sus apreciaciones a través de la modernidad del existencialismo.

6. *ENRIQUE IV* DE PIRANDELLO Y *EL OTRO* DE MIGUEL DE UNAMUNO

Si en el caso de los *Seis personajes en busca de autor* pusimos en relación el drama pirandelliano con la novela *Niebla* de Miguel de Unamuno, con *Enrique IV* hay que volver a hablar de una nueva posible conexión entre la tragedia de Luigi Pirandello de 1922 y el drama unamuniano, *El Otro*, de 1926. Muchas son las coincidencias entre ambos textos: el sistema de personajes, la importancia de la locura, la identidad y el desdoblamiento, aunados a una reflexión decepcionada sobre la existencia, que en el caso del autor español se une a su gran conciencia de la crisis española, en 1989. Volvemos a afirmar que la pertenencia de ambos escritores a los paradigmas de crisis de la contemporaneidad les lleva a soluciones estéticas y literarias muy semejantes.

BIBLIOGRAFÍA

Bibliografía primaria:
Pirandello, L. (1968): *Enrique IV*, en *Teatro*, Madrid, Ediciones Guadarrama, pp. 117-200.
Pirandello, L. (1998): *El difunto Matías Pascal*, M. Edo (ed.), Madrid, Cátedra.
Pirandello, L. (1921): *Lettera a Ruggero Ruggeri* (con Audio) - Pirandello Web. [consultada el 20 de noviembre de 2022]

Bibliografía secundaria:
Alonge, R. (1993): *Introduzione* a L. Pirandello, *Sei personaggi in cerca d'autore, Enrico IV*, R. Alonge (ed.), Milán, Mondadori, pp. V-XXXIV.
Bàrberi-Squarotti, G. (1978): *Le sorti del tragico. Il Novecento italiano: romanzo e teatro*, Ravena, Longo Editore.
Barthes, R. (1980): *La cámara lúcida. Notas sobre la fotografía*, Barcelona, Paidós.
Dente, C. (2005): *Elusiveness of revenge and impossibility of tragedy: Shakespeare Hamlet and Pirandello's Enrico IV*, Pisa, Universidad de Pisa.
Frese Witt, M. A. (2013): *Metatheater and Modernity: Baroque and Neobaroque*, Maryland, Fairleigh Dickinson University Press.
Gianola, E. (2000): *Pirandello e la follia*, Milano, Jaka Book.
Kott, J. (2007): *Shakespeare, nuestro contemporáneo*, traducción de K. Olszewska y S. Trigán, Barcelona, Alba.

Luperini, R. (2007): *Introduzione a Pirandello*, Roma, Laterza, pp. V-XXXVI.

Macías Borrego, M. (2016): «De Hamlet a Enrico IV: locura y asesinato como liberación», *Teatralia, Revista de poética del teatro*, 18, pp. 235-248.

Macías Borrego, M. (2021): *Una lectura shakesperiana del* Enrico IV *de Pirandello*, Tesis UCM.

Martínez Garrido, E. (2018): «Shakespeare en la narrativa italiana del novecientos», en *Cervantes, Shakespeare y la Edad de Oro de la escena*, coord. por Jorge Braga y otros Madrid, Fundación Universitaria Española, pp. 171-188.

Martínez-Peñuela, A. (1996): *Pirandello y Unamuno frente a la locura: Enrique IV y El Otro*, www.cervantesvirtual.com > obra > pirandello-y-unamuno-frente-a-la locura, [consultado el 3 de junio 2023].

Mosena, R. (2018): «Pirandello esistenzialista», *Studium, Ricerca, Letteratura*, n. 1, www. edizionistudium.it, [consultado el 19 de junio 2023].

Patruno, M. L. (2003): «La finzione consapevole, *Enrico IV* di L. Pirandello», *Annali della Facoltà di Lettere e Filosofia*, 46, pp. 479-506.

Salsano, R. (2016): *Pirandello in chiave esistenzialista*, Roma, Bulzoni.

Schwarz Lausten, D. P. (1997): *Le finzioni di Enrico IV. Un'analisi del dramma di Luigi Pirandello*, www.pirandello.com.Enrico IV-pirandello, [consultado 20 de junio 2023].

Valentini, M. 1990: *Shakespeare e Pirandello*, Roma, Bulzoni.

Navidad en casa Cupiello de Eduardo De Filippo: un clásico del siglo xx

1. EDUARDO DE FILIPPO: UNA VIDA DIFÍCIL, EN EL TEATRO Y PARA EL TEATRO

Eduardo De Filippo nace en Nápoles en 1900 de la unión extramatrimo-nial entre Eduardo Scarpetta[1], el famoso autor de teatro popular y actor napolitano, y Luisa De Filippo[2]. De dicha relación nacieron también Titina e Peppino, hermanos de Eduardo, con quienes trabajó como actor y para quien compuso muchas de sus comedias; en los años treinta fundan la compañía teatral *Teatro Umoristico. I De Filippo* (*Teatro humorístico. Los de Filippo*).

El dramaturgo vivió el mundo del teatro desde niño. Solo con cuatro años hizo su primera aparición en un escenario y, a partir de los doce, empezó a copiar los textos teatrales del padre, familiarizándose con la escritura dramática; empezó además a componer sus primeras poesías. En 1911 actuó en la famosísima comedia paterna *Miseria e nobiltà* (*Miseria y nobleza*) (1887) y en 1914 entró a formar parte de la compañía de su hermanastro Vincenzo Scarpetta, en la que actuaba junto a su hermana Titina. A partir de 1917 se unió también a ellos su hermano Peppino, y empezaron a actuar juntos; Eduardo escribió muchos de sus papeles para los hermanos.

Después del final de la Segunda Guerra Mundial, con la representa-ción de *Napoli milionaria* (*Nápoles millionaria*) (1945), el autor inicia una nueva fase dramática, más cercana al neorrealismo, alejándose pro-

---

[1] Eduardo Scarpetta (Nápoles, 1853-1925) ha sido uno de los actores y autores del teatro napolitano más famoso de finales del siglo xix y principios del xx. Especiali-zado en traducir a su dialecto muchísimas *pochade* francesas, su comedia más famosa, *Miseria e nobiltà* (1887), es también la única obra original de su repertorio.

[2] Luisa De Filippo era sobrina de la mujer legítima de Eduardo Scarpetta, una joven veinticinco años menor que Scarpetta, trabajaba como sastra de la compañía teatral de este.

gresivamente de las exigencias cómicas de su hermano Peppino. El dramaturgo funda entonces la compañía *Il Teatro di Eduardo*, reflejo de su nueva concepción de la escritura dramática, ya no puesta al servicio de las habilidades cómicas de Peppino. Con el drama 'neorrealista' *Nápoles millionaria*, De Filippo se consagra como un elemento importantísimo de la vida cultural italiana. La obra se publica en la prestigiosa editorial Einaudi de Turín y, gracias al desarrollo de la televisión, el autor napolitano empieza a alcanzar una importancia notable a nivel nacional, al realizar para la RAI, durante los años sesenta, versiones teatrales de todas sus comedias. Tras una dilatada carrera como autor, actor y director escénico y cinematográfico, deja la actuación en 1980. Recibe la mención *Honoris causa* por la Universidad de Birmingham en 1977 y en 1980 por la La Sapienza de Roma. En 1981 es proclamado por Sandro Pertini[3] senador vitalicio de la República Italiana, por su compromiso sociopolítico y por su valor como hombre de cultura. En su discurso ante el Senado, Eduardo se centra en la necesidad de atender a los menores en riesgo de exclusión social; a ellos dedicará toda una serie de iniciativas teatrales en la cárcel para menores de Nisida, en Nápoles. De Filippo muere el 31 de octubre 1984 en Roma.

En el teatro italiano, la lección de Eduardo permanece viva en el ámbito de la moderna dramaturgia napolitana: Annibale Ruccello (1956-1986) y Enzo Moscato (1948)[4] siguen su legado en la fuerza del espectáculo que une estrechamente cine, teatro y televisión, el mismo Massimo Troisi (1953-1994) continúa claramente su legado; este está presente incluso en Dario Fo y en toda una generación de actores-autores como Ascanio Celestini (1972) (sobre todo en relación al uso del lenguaje) o en Gaetano Ventriglia (1972), cercanos al teatro de narración y al compromiso ético y político teatral con respecto a los más desfavorecidos y al abuso por parte del poder.

---

[3] Sando Pertini (1896-1990) fue uno de los políticos de mayor peso ético de la Italia del *Novecento*. Miembro del Partido Socialista Italiano desde su juventud, sufrió el exilio durante el fascismo y el encarcelamiento, desempeñó un papel transcendental en la Resistencia italiana y participó activamente en la redacción de la Constitución Italiana. En 1968 fue presidente de la Cámara de Diputados. Desde julio de 1978 hasta julio de 1985, fue Presidente de la República Italiana.

[4] Ambos autores han sido y son los máximos representantes del mundo teatral napolitano.

2. NÁPOLES Y LA LENGUA NAPOLITANA: METÁFORAS DEL MUNDO Y ESCUELAS DE TEATRALIDAD

En relación a la estrecha ligazón de Eduardo con su 'napolitaneidad', algunos críticos habían pensado que sus comedias no sobrepasarían los confines de su ciudad natal. Sin embargo, estas no solo son obras de ámbito nacional, sino que siguen representándose en todo el mundo. De Filippo se ha convertido, por tanto, en uno de los autores dramáticos contemporáneos más conocidos. Su teatro ha traspasado los confines internacionales y se ha representado y se representa, con enorme éxito, en dialecto original y en traducción en todo el mundo. Hay que recordar además que la lengua usada por Eduardo (el napolitano en su primer período y un italiano regional napolitano en el segundo) parecía en principio constituir un obstáculo insuperable para su difusión. La realidad ha demostrado que no es así.

La riquísima lengua de Eduardo es un fiel reflejo de la realidad popular de su ciudad. Asimismo su fuerte expresividad poética está ligada a la tradición dramática italiana, tanto popular como culta. La lengua dramática de De Filippo es, por tanto, un medio comunicativo capaz de absorber y de reproducir el léxico, las cadencias y los ritmos melódicos del napolitano hablado, esta, al mismo tiempo, logra también llegar hasta la poesía, recogiendo la tradición de la canción y del teatro napolitano. Es decir, estamos ante un napolitano vivo que restituye, plenamente, a través de su vida y de su historia, las esencias de la más genuina 'napolitaneidad', la real protagonista de todas y cada una de las obras de De Filippo. Sus comedias (también las que están escritas en lengua italiana) trascurren en Nápoles. Estamos, pues, ante una ciudad vivida en toda su profundidad y a todos los niveles. Nápoles es una urbe querida, conocida, observada y estudiada por Eduardo con profunda atención: la vida de la ciudad partenopea ha sido la mayor fuente de inspiración de su teatro.

El teatro de De Filippo parte, pues, de la humanidad de su propio espacio urbano, de las historias verosímiles y 'reales' de los napolitanos de su tiempo, a los que el autor observa con distancia y al mismo tiempo con empatía y afecto, hasta conseguir plasmar en sus textos la lúcida objetividad de la investigación histórica y antropológica. Eduardo retrata en sus personajes, sobre todo en su protagonista masculino, en cierta manera arquetípico del napolitano medio y doble de sí mismo, a los hombres y a las familias que le son más cercanos. Dibuja, a través de Nápoles, la *Comedia Humana* de la Italia del momento, filtrando el quehacer antropológico de su ciudad natal, mediante los personajes que viven, aman, sufren y mueren en ella. Así Nápoles se convierte en una clara metáfora del mundo. Su ciudad es la protagonista de su obra dramática, desde el período fascista, como en *Natale in casa Cupiello* (*Navidad en casa Cupiello*) (1931-43), durante la postguerra en *Napoli milonaria* (*Nápoles millonaria*) (1945), hasta llegar a los frenéticos años sesenta, como en *Sabato, domenica e lunedì* (*Sábado, domingo y lunes*) (1959) o a los años del inicio de la mutación antropológica, como en *Gli esami non finiscono mai* (*Los exámenes no terminan jamás*) (1973). Nápoles está, por tanto, viva en su obra y se hace continuamente presente en cada palabra y en cada gesto de su teatro. Nápoles acompaña al autor, desde el principio hasta el final de su actividad dramática, desde los primeros actos únicos de *Farmacia de turno* (1920) hasta la traducción al napolitano de *La Tempestad* de William Shakespeare, publicada póstuma. El dramaturgo italiano disecciona, en consecuencia, su ciudad, la critica, la zahiere, pero a la vez la acepta, la comprende y la quiere, con tolerante compasión antirretórica y con una profundidad absolutamente humana. Como ya se ha dicho, Nápoles es una metáfora del mundo, un microcosmos. De Filippo, con sus personajes, diseña el mejor retrato del ser humano contemporáneo a través de su experiencia real del vivir y del ser napolitano. Por eso, sus protagonistas reflejan a los hombres y a las mujeres comunes de carne y hueso; no hay héroes en su teatro, como no los hay en gran parte de la literatura y de la dramaturgia contemporánea. Sus protagonistas son seres incapaces, ineptos, frustrados, soñadores empáticos, amorosos e ingenuos, seres humanos sorprendidos por la vida en su ambigüedad más contradictoria, nunca costreñidos a un folclórico comportamiento napolitanista. Son solo personas en las que puede reconocerse toda la humanidad de nuestro tiempo y la historia de nuestro siglo xx (Lombardo, 2004).

Los grandes temas del teatro de Eduardo son, en consecuencia, el recuerdo de la guerra sufrida en el pasado[5] y el temor a otra futura, el terror a la disgregación de la familia, el conflicto constante entre individuo y sociedad, el peso y la violencia del dinero, la precariedad material y espiritual del vivir cotidiano. Su teatro plantea, pues, historias de vida cotidiana, problemas de cualquiera de las mujeres y los hombres de las distintas generaciones de napolitanos que él conoció. Los personajes de Eduardo, y sobre todo el personaje eduardiano son, por consiguiente, símbolos dramáticos de la condición humana universal. Son «personas», como él las

---

[5] Eduardo, durante la Primera Guerra, fue *bersagliere* en Roma. Allí comenzó a escribir bocetos cómicos para entretener a los soldados.

llamaba, hombres y mujeres con nombre y apellido: Luca Cupiello, Gennaro Jovine, Filumena Marturano, Antonio Barracano...; a veces, como en *Questi Fantasmi!* (*Con derecho a fantasma*) son incluso «almas».

Ahora bien, el análisis de Nápoles realizado por De Filippo se lleva a cabo también por medio de otro aspecto antropológico importante del ser napolitano, el que sostiene y alimenta vitalmente su arte, es decir, su innata teatralidad. La Nápoles que sabe interpretarse a sí misma, desde dentro y a la vez desde fuera, se erige en centro dramático de su obra. Nápoles y sus conciudadanos se convierten, por tanto, en escenario, en pura ficción dramática. Esta determina su escritura. Eduardo representa la forma de ser del napolitano medio, su modo de reaccionar a la angustia, a la miseria y a la acechante e ineludible presencia de la muerte. Sus armas contra ellas son la superstición, la fantasía, el exorcismo de una vida continuamente teatralizada. Con las palabras, con los gestos, con la mímica...la vida se hace comedia sufriente o tragedia moderna en Nápoles y, por tanto, entra en el teatro de Eduardo. La teatralidad y el gesto napolitano constituyen el verdadero origen del amargo lenguaje cómico de De Filippo, de su tragedia, presentada en forma de comedia. La comedia amarga es la marca expresiva del autor y del actor. En esto Eduardo es también hijo de su tiempo, y de modo especial del cine europeo del *Novecento* (Chaplin, Keaton) y de su teatro (Pirandello, Beckett, Ionesco...).

Todo en Eduardo es teatro, aquí radica la fuerza y la modernidad de sus comedias, de apariencia tradicional, pero centradas en su metateatralidad. El público no es concebido, por tanto, como un elemento externo a la representación, no es el señor al que hay que adular y seducir, sino, por el contrario, una parte integrante de la escena, un interlocutor necesario en un arte que no puede darse en solitario.

La fuerza y la modernidad de las comedias de Eduardo (autor internacional donde los haya) reside también en su metateatro. Al igual que Nápoles se hace escenario de sí misma, el teatro de Eduardo se desdobla y se refleja en sí mismo, se representa como teatro que contiene en sí mismo la farsa de la representación. El teatro está presente no solamente en los muchos lugares en los que el dramaturgo lo presenta a través de sus historias, sino también y sobre todo a través del propio discurso dramático, el que crea la condición misma de la teatralidad. Ya sea el pobre y precario ilusionista de la juvenil y todavía hoy sugerente historia de *Sik-Sik, el artífice mágico* (1929), el viejo actor de *La parte di Amleto* (*El papel de Hamlet*) (1940), el Polichinela de *Il Figlio di Pulcinella* (*El hijo de Policinella*) (1957) o el protagonista de *L'arte della Commedia* (*El arte de la comedia*) (1964), a la cual Eduardo confía la defensa del teatro y su función social, todo en su obra es teatro y este es el espejo fiel de la vida humana.

3. LA TRADICIÓN TEATRAL NAPOLITANA Y EL TEATRO DE EDUARDO: DE LA FARSA A LA COMEDIA AMARGA

Eduardo De Filippo se inserta en la tradición dramática napolitana del siglo XIX; entre los principales autores de esta tradición cabe señalar a Antonio Petito, a Eduardo Scarpetta (su propio padre), a Salvatore di Giacomo, a Achile Torelli...cómicos atentos a las nuevas exigencias de la modernidad y a la idea de construcción nacional de Italia, a través del teatro, una vez obtenida su unidad política, en 1861. Dichos autores saben de la necesidad de modernizar la tradición dialectal napolitana con referencias culturales de más amplio espectro, tanto italianas como europeas; a la «napolitaneidad» de las comedias soeces y populares del momento hay que añadir el gusto europeo y sobre todo el francés del *vodevil* y de las *pochades*. A este impulso de renovación se debe añadir la obra musical de Raffaelle Viviani (1888-1950), quien crea un espectáculo popular, cercano a nuestra zarzuela, pero a su vez doliente y melodramático, al recuperar el ambiente de los bajos fondos de Nápoles. A los personajes de Viviani, marcados siempre por el sufrimiento (no exento de una sonrisa descreída y sarcástica), se acerca la producción dramática de De Filippo. De Viviani y no solo de Pirandello recibe Eduardo la fusión de lo trágico con lo cómico (Fernández Valbuena, 2004: 28-40).

Toda la tradición dramática del siglo XIX napolitano se explica además en la línea viva y consolidada de la *commedia dell'arte*. Antonio Petito es el último actor de la línea *pulcinellesca* y su comedia *Palummella* sigue estando presente en el repertorio napolitano actual[6]. El mismo Eduardo inauguró su teatro San Ferdinando, en 1954, con este espectáculo, haciendo él mismo de Pulcinella. Pero la verdadera revolución del teatro napolitano se debe a Ferdinando Russo, quien, siguiendo la tradición de la comedia del arte napolitana, crea, a principios del XX, lo que se conoce como *macchietta*, espectáculo en el que se funden la música, el canto, el texto poético, el mundo dialectal-popular y la pericia de los actores. Entre las *machiette* más famosas cabe destacar la figura creada por Eduardo Sarpetta, padre de Eduardo,

---

[6] El nombre de Antonio Petito y la figura de Pulcinella está presente en la figura de Raffaelle Priore, hermano del protagonista, Peppino, actor aficionado, quien representa la famosa máscara napolitana de la comedia del arte en la obra de 1959 *Sabato, domenica e lunedì*.

llamada Felice Sciosamocca (Feliz engulletodo[7]). Este personaje un anti y renovado Pulcinella, un pequeño burgués, con una vestimenta llamativa y rara, mezcla el *dandy* con el *Charlot*. Uno de los intérpretes más famosos de este personaje fue Antonio De Curtis, más conocido como Totò, amigo íntimo de Eduardo, una de las figuras más conocidas del cine italiano, cuya fuerza escénica llega hasta la película de Pier Paolo Pasolini, *Uccellacci, uccellini* (*Pajarracos, pajarillos*), de 1966. Estamos, pues, ante espectáculos cercanos a la revista y al *café-chantant*, llenos de sugerencias y las mismas *gaffs* que alimentarán el cine italiano cómico de principios del siglo xx. La crítica y la sátira política no estaba ausente de estas *performances*, hecho que, durante el fascismo y la ocupación nazi de Italia, dio a Totò y al mismo Eduardo algún que otro problema, hasta el punto de tener que abandonar Roma. En la postguerra a la visión risueña, jocosa y alegre de Nápoles, en la literatura napolitana se añade la visión neorrealista, a través de la que se ahonda en su parte más dolorosa, mísera y desgarradora. En esta línea cabe recordar al escritor Giuseppe Marotta, coetáneo de De Filippo, quien en sus narraciones *L'oro di Napoli* (*El oro de Nápoles*) o *San Gennaro non dice sempre di sì* (*San Genaro no dice siempre sí*) profundiza en la visión tragicómica, melancólica y escéptica del pueblo napolitano. *El oro de Nápoles* fue llevada al cine por Vittorio De Sica en 1954; uno de los cuentos corre a cargo del mismo Totò.

A esta fusión dramática responde el teatro de Filippo, donde la conciencia degradante de la miseria, material y espiritual de su ciudad, se hace presente en muchos momentos. Eduardo nos presenta, desde la óptica de su propia experiencia, la visión de sus conciudadanos. En ella se mezcla la más dura crítica y la más candorosa ternura. De Filippo se adhiere, por tanto, a toda la tradición cómica de la Nápoles de su infancia y de su juventud. En sus primeros tiempos, su lucha contra los poderes fácticos pasaba principalmente por hacer reír al público, aunque siempre, desde el implícito y el sobreentendido, se encuentra en su dramaturgia una crítica moral y ética a la sociedad de su época. Una vez terminada la Segunda Guerra Mundial, con la llegada de la democracia, su teatro, aun conservando su halo cómico y fantástico, cambia y deja de camuflar la crítica social, haciendo sus denuncias más evidentes. Este el caso de *Napoli milionaria* de 1945, de *Filumena Marturano* del 46 o de *Il sindaco del rione Sanità* (*El alcalde del distrito Sanidad*), compuesta en 1960.

La primera denuncia de la corrupción de su ciudad, con la llegada de los americanos, a partir de 1943, se hace viva en la defensa de una prosti-

---

[7] Que se traga todas las mentiras y los engaños que los demás le cuentan.

tuta: Filumena Marturaro. En *Filumena Marturano* se pone de manifiesto la conducta más cruel del patriarcado. Esta comedia doliente, en la que la metateatralidad vuelve a estar en el centro de su desarrollo dramático, fue llevada al cine, con el título de *Matrimonio a la italiana*, bajo la dirección de Vittorio De Sica en 1964[8]; en ella se cuenta con la interpretación de Sofía Lofren y Marcello Mastroiani, hecho que demuestra la popularidad del teatro de Eduardo. Asimismo el compromiso público y político del autor con el mundo del teatro queda perfectamente reflejado en *L'arte della commedia* (*El arte de la comedia*), de 1964, obra pirandelliana donde las haya. Aquí su protagonista, Oreste Campese, director de una compañía teatral que ha perdido su local, claro doble del autor, reflexiona sobre la importancia del teatro en la sociedad y pone de manifiesto el desinterés de las autoridades públicas con respecto al mundo escénico, entre otras cosas. La comedia fue censurada y no se pudo representar ni en Milán ni en Nápoles.

En conclusión, podemos decir que Eduardo De Filippo con su obra se suma a la tradición napolitana precedente para poder reinventarla desde la innovación, sabiendo conjugar la comicidad con el drama y con el compromiso ético y político.

4. Lo tragicómico pirandelliano y el drama sufriente de De Filippo: ¿modificaciones de El humorismo?

Eduardo De Filippo, como gran parte de los dramaturgos italianos de la época, sufrió el influjo de la obra de Luigi Pirandello. El autor napolitano era un gran admirador de los *Seis personajes*, quizás porque muchas cosas de la 'comedia por hacer' del siciliano resonaban en su propia experiencia personal con relación a lo que había sido su familia en su duplicidad diferencial. El encuentro entre ambos dramaturgos tuvo lugar en 1933, durante una representación de la compañía *Los De Filippo* en el teatro Sannazzaro de Nápoles, donde Pirandello acudió para conocer a los tres hermanos, ya famosos. La sintonía entre De Filippo y Pirandello fue grande. La compañía acepta la adaptación del *Liolà*[9] pirandelliano (1916) al dialecto de Nápoles. Peppino interpreta al protagonista en el teatro Odeón de Milán en 1935.

Paralelamente a la preparación de *Liolà*, en el mismo año Pirandello propone a Eduardo la adaptación al napolitano de su cuento *L'abito nuovo* (*El traje nuevo*). Ambos autores trabajan en la elaboración del texto que

---

[8] En la película de De Sica se priva al personaje de Filomena de gran parte de su fuerza rebelde.

[9] La comedia pirandelliana fue escrita en siciliano.

se representará en Milán en 1937, un año después del fallecimiento del autor siciliano. Durante la preparación del cuento surge la idea de llevar a escena otro drama del escritor siciliano *Berretto a sonagli* (1917) (*Gorro con cascabeles*), en dialecto napolitano. Esta vez el personaje de Ciampa (el marido que acepta la infidelidad de la mujer desde la 'locura') lo interpreta el mismo Eduardo.

A partir de este momento se puede decir que la concepción de la vida y del humorismo pirandelliano hacen mella en el mundo dramático de De Filippo, aunque es cierto que el drama doliente y tragicómico del personaje eduardiano, cargado de una humanidad profunda, tiene un arma poderosa, que no se queda solo en la teatralidad del vivir, como en Pirandello, esta se encuentra en el dramaturgo napolitano, yendo incluso más allá del mero impulso dinámico hasta convertirse en cierta manera en un nuevo impulso salvador. Estamos hablando, en última instancia, de la dignidad del personaje de Eduardo, cuyo principal apoyo se encuentra en la fe ética, en la ilusión de los afectos, en la creencia en otra dimensión 'redentora', la que tiene que ver con la imaginación, con la inocencia, con el sueño utópico. Tal hecho diferencia el humor de Eduardo del de Pirandello. Es decir, la sonrisa amarga del siciliano, que deja paralizados a sus personajes en el grado cero del logro de su propia identidad existencial, en el napolitano, a pesar del drama y de la tragedia, se resuelve en un más allá ensoñado, en un credo utópico, en la ilusión de un posible mundo mejor que, como veremos en el caso de Luca Cupiello, no muere con el personaje. La humanidad y la empatía 'salvan', en consecuencia, al teatro de De Filippo del relativismo gnoseológico pirandelliano.

Por otra parte, el humorismo de Edurdo no solo queda anclado en el drama interior del personaje, sino que, a través de su tragedia cómica, ensancha su perspectiva hasta llegar a la crítica social, gracias a un realismo que ya a partir de 1945 entra decididamente en contacto con el neorrealismo. El drama eduardiano da, por tanto, una salida al humorismo de Pirandello que abandona, parcialmente, la conflictividad intrapsíquica de su protagonista para llegar a su revalorización humana. Es decir, el personaje de De Filippo, aun siendo en apariencia ambiguo, resuelve su ambigüedad en su misma utopía, en su ilusión y en su dignidad humana y ética.

5. *NAVIDAD EN CASA CUPIELLO*: UN *CAPOLAVORO* DE EDUARDO DE FILIPPO

En diciembre de 1931 se representa por primera vez en el Teatro Kursaal de Nápoles *Navidad en casa Cupiello*, una de las comedias más apreciadas por el público italiano. En un primer momento la obra constaba de un acto único, pero acabó por tener tres. En 1933, el autor añadió el segundo y, en 1943, el último. Así se publicó en la revista *Il Dramma*. En el 43, al someter el texto a una nueva redacción, el autor ensambla en una única unidad estructural sus tres secciones[10]. Este hecho nos habla de la continua revisión que Eduardo realizaba en relación a sus comedias dramáticas. En realidad, dada la labor filológica llevada a cabo por el propio dramaturgo, podemos afirmar que *Navidad en casa Cupiello* puede ser considerado su primer texto, como autor dramático.

A pesar del título, con *Navidad en casa Cupiello* nos alejamos completamente de la tradicional celebración de la Navidad napolitana. Se trata de un drama familiar, absolutamente distanciado de la ligereza y de la diversión de lo que habían sido los bocetos de su primera versión. Eduardo confesó que desde 1934 a 1936 no se había atrevido a representar frecuentemente el tercer acto, en parte, porque conocía personalmente a la familia a la que aludía su drama.

> Non se llamaban Cupiello, pero yo los conocí realmente. Una pobre familia para quienes el sol de Nápoles resplandece aún dentro de sus más crudas y cotidianas miserias. Y por eso, por una instintiva necesidad de liberación se maltratan, se zahieren recíprocamente, llegan incluso al odio, porque el sol napolitano aumenta su puerilidad. Pero en realidad se adoraban...ni ellos mismos sabían hasta qué punto se querían... (Di Blasi, 2016: 81).

En el centro del drama no está solo el Belén y la preparación de las Fiestas, aunque estas dan a conocer mejor las miserias de la cotidianeidad de una familia napolitana, marcada por las privaciones, por la falta de recursos económicos y por un ancestral *dolce far niente*.

En el primer acto ya pueden conocerse los problemas domésticos de los Cupiello, los conflictos matrimoniales entre Luca y Concetta, los generacionales entre Luca y Tommasino, su hijo, los familiares entre Pasquale, el hermano del padre y los problemas con el resto de la familia (De Filippo, 1998: 18-34). El espectador sabe, con la aparición de Ninuccia, la hija, de su infelicidad, del hartazgo de su matrimonio con Nicola, en gran medida impuesto por la familia (34-37, 58, 59). Ya en este acto, frente a la ilusión con la que Luca Cupiello quiere preparar el Belén, símbolo de amor familiar y cristiano, y del respeto a la tradición napolitana, empiezan a tomar

---

[10] En la versión dada a la imprenta en 1943, el dramaturgo decide mantener el napolitano, aunque con variaciones lingüísticas importantes.

cuerpo dramático las desavenencias familiares, los engaños y los pequeños hurtos entre los distintos miembros de la casa, el *mammismo* con respecto a la educación del hijo varón, por parte de su madre, y el sacrificio sentimental de la hija con un hombre rico que, en cierta manera, 'compra' el matrimonio a su amante con alimentos, bienestar y prestigio social para toda la familia (46-48). Luca parece no saber que el adulterio está servido. Prefiere seguir en su visión idílica de la unidad familiar navideña. Luca es además apartado de los conflictos sentimentales de su hija con respecto a su amor por Vittorio. La carta de Ninuccia, dirigida a Nicola, en la que le confiesa su amor por Vittorio, entregada por Luca al yerno involuntariamente, se convierte, al final del primer acto, en el objeto dramático de todo el posterior *intreccio* de rivalidades amorosas y mentiras familiares (De Filippo, 1998: 48). El motivo de la carta se repetirá en el segundo acto (68-70); sin embargo, su entrega a Concetta se frustra por el duelo entre el marido y el amante de la hija (76-77).

Durante este, el primero que se representó cuando solo era un *sketch*, la contradicción entre el título y el drama planteado se intensifica. En su apertura, en un diálogo entre Concetta y el portero, Raffaelle, el espectador conoce definitivamente la 'debilidad' del marido, su ineptitud, su tendencia fantástica a la ensoñación, hechos que contrastan con la fortaleza de la esposa, la que «lleva verdaderamente los pantalones en casa» (De Filippo, 1998: 50-52). Con la presencia en el comedor, preparado para la Nochebuena, del amigo de Tommasino, Vittorio, el amante de la hija, el drama familiar toma cuerpo real. La violencia, reprimida y explícita, contrasta con la ilusión de Luca en la preparación del Belén y en la entrega de los regalos a su mujer; vestidos, él, Tommasino y Pasquale, como los tres Reyes Magos (68-73). En medio de las pequeñas rencillas entre tío y sobrino, con las anguilas que se esconden en la cocina, los platos que vuelan por los aires, Luca se ve obligado a conocer el drama adúltero y el escándalo al que está abocada su familia tras el desafío de los dos hombres en duelo. Estamos ante un realismo penoso, no exento de toques y de golpes cómicos, cuya culminación tiene lugar en el último acto, en donde se consuma definitivamente la tragedia.

En el acto tercero asistimos a la enfermedad y a la muerte de Luca, después de haber conocido la desgracia familiar. Sin embargo, antes de morir, confunde al amante de la hija con el marido y, entrelazando sus manos, les hace prometer que no se separarán porque «están hechos el uno para el otro» (93). Tras esta especie de bendición al amor libre y verdadero de la pareja, al aceptar por confusión la felicidad sentimental de la hija, más allá de las reglas matrimoniales, impuestas por la madre en razón de cuestiones económicas, Luca muere con la visión celestial del Belén y de su ensoñada unión de familia.

Justo antes de su muerte, su hijo Tommasino reconoce que también a él le gusta el Nacimiento. En cierta manera, recoge así el legado paterno, en cuanto a la ensoñación y a la aceptación de su condición de niño, a punto, sin embargo, de alcanzar su madurez, *croce e delizia*, de muchos de los personajes de Eduardo De Filippo. Este último acto hace además muchas concesiones a la 'napolitaneidad' del texto. La presencia de los vecinos en la habitación del enfermo y sobre todo el rito del café (siempre presente en las comedias eduardianas (De Filippo, 1998: 80-83)) nos introducen en los ceremoniales antropológicos fuertes de la sociedad napolitana.

Es cierto que este final trágico, en el que se invierte la agnición con el falso reconocimiento del amante de Ninuccia, visto por Luca como el marido, debió revolver a la sociedad napolitana de la época, acostumbrada fundamentalmente a reír y a divertirse con los personajes, pero no a verlos morir, defendiendo las razones del corazón frente a las del dinero.

6. La familia Cupiello y el dinero. Luca y la ensoñación de la familia

El dinero, como en muchas obras de Eduardo, es sin duda el actante último del drama, es el que mueve los hilos tragicómicos de toda la obra, causando la desgracia de toda la familia. Hace su aparición simbólicamente en el primer acto, a través del frío de una casa sin calentar (*leitmotive*, repetido a lo largo de la primera parte del acto I a modo de cantilena), del café aguado que Concetta sirve a Luca, de los malos calcetines que no le calientan los pies, de la escasez de alimentos, del continuo ahorro, de la venta de las prendas usadas del tío por parte del sobrino (De Filippo, 1998: 17-20). «El dinero hace falta», dice Luca a Tommassino, cuando le reprende por su holgazanería y su falta de responsabilidad (31). Las acotaciones escénicas nos hablan también de la escasez de los Cupiello mediante la descripción de sus ropas viejas y raídas.

Todo el desarrollo escénico de este primer acto gira, por tanto, en torno al no tener y al tener. Los padres, Tommasino y el tío Pasquale no tienen o tienen muy poco. En contraposición Ninuccia, como nos dicen las didascalias, pertenece al plano del tener. Tiene bolso, guantes, sombrero, un elegante vestido invernal, joyas (34). Tiene un marido rico, pero no es feliz. «¡Yo no lo quería! ¡Habéis sido vosotros los que me casásteis a la fuerza! ¡No puedo más, no puedo más! ¡Me habéis destrozado!» (37). Al mismo plano del tener pertenece Nicolino, su marido. Como se dice en las acotaciones, viste con llamativa elegancia, lleva anillos y un pasador de oro (42). Él es, como su mujer, también infeliz, ha comprado a su esposa, pero ni puede, ni sabe, ni probablemente quiera hacerla feliz. Empresario triunfador de una fábrica de botones, representa en cierta forma al nuevo rico del régimen mussoliniano; solo sabe poseer a las personas, no quererlas, rodearse de cosas. Ha comprado a su esposa y a su familia. El acto primero se cierra con las langostas y con los ricos alimentos para la cena de Nochebuena que Nicolino adquiere para la familia Cupiello (45).

El viejo Luca, apartado del mundo de los que tienen y de los que no tienen, solo, como un napolitano chapado a la antigua, vive rodeado del sueño de la familia unida[11]. Luca quiere esconderse en el mundo de su ideal familiar: su Belén es una especie de instrumento mágico que le ayuda a vivir, engañándolo con respecto a los problemas de la familia, desunida y profundamente infeliz. Él vive en el silencio, en la soledad de su fantasía navideña, en un mito de amor y de unidad humana y familiar. El Belén es para él la única salida a su aislamiento y su único refugio. En cierta manera podemos decir que Luca se mueve, ambiguamente y no sin contradicciones, en el ámbito del ser; y hasta cierto punto también Ninuccia y Vittorio, porque, a pesar de los impedimentos, están enamorados.

En el segundo acto, la utopía familiar y 'cristiana' de Luca permanece vigente. La compra de los tres Reyes para el Nacimiento, el paraguas que quiere regalarle a Concetta, la carta que le hace escribir a Tommasino, el disfraz de Reyes Magos del padre, del hijo y del tío, la canción navideña que le cantan *E tu scendi dalle stelle… oh Concetta bella*[12], la invitación a Vittorio, amigo del hijo, milanés solo en Nápoles durante la Navidad, se

---

[11] [8] Donatella Fischer habla de la crisis de la familia patriarcal en esta obra, *Il teatro de Eduardo De Filippo. La crisi della familia patriarcale*, Londres, Legenda, 2017. Personalmente, creo que la crisis de la que habla la profesora inglesa se asienta sobre el peso del matriarcado napolitano e italiano en general, donde las madres dominan a la familia, reproduciendo, sin embargo, el orden patriarcal. Aquí Concetta es la que urde el matrimonio entre Nicolino y su hija. En el primer acto, la madre, cuando la hija le dice que no puede más, que ha sido obligada a casarse, sufre una especie de crisis cardíaca, igual que en el segundo acto. Estamos ante un chantaje emocional con respecto a Ninuccia y a sus ansias de libertad. Se debe recordar además que Luca, en su delirio, poco antes de morir, llama a su mujer Don Basilio, en alusión al personaje de *El Barbero de Sevilla* de Rossini, el que se opone a la unión de los dos enamorados, Almaviva y Rosina (De Filippo, 1998: 88).

[12] Es un famoso villancico napolitano, modificado por Luca en honor a su mujer.

contraponen, sin embargo, a la violencia y a la tensión de todos los que van a asistir a la cena, y al odio que se desencadena entre ellos. Luca, al saber la amarga verdad del adulterio de la hija, se ve obligado a romper su ilusión de felicidad y cae gravemente enfermo.

En el tercer acto sabemos que Luca ha sufrido probablemente un ictus. Su lecho ocupa el centro de la escena, aunque en la primera parte de este último acto permanece dormido. Pero al final de la obra, en un momento de lucidez delirante, se produce la revelación. Al confundir a Vittorio con Nicolino se lleva a cabo la verdadera unión matrimonial, la de los enamorados. Esta es la lectura que queda camuflada en el texto y que en el momento de su representación no dejaría de ser rompedora. La denuncia de la condena de las chicas pobres a un matrimonio de conveniencia, en el siglo xx napolitano, suponía por parte de Eduardo una toma de posición con respecto al drama de las mujeres italianas durante el fascismo.

La unión de los dos enamorados 'adúlteros', con la confusión y el delirio paternos, abre la puerta al reconocimiento indirecto de la legitimidad del amor, condenando así el matrimonio por interés.

> Dame la mano… (Consigue coger la mano de Ninuccia y la une a la de Vittorio. Su rostro se ilumina. Consigue incluso hablar con más fuerza y claridad). Haced las paces en mi presencia, y juradme que no os separaréis nunca más. (Dado que ambos se quedan mudos, él vuelve a insistir). ¡Juradmelo, jurádmelo! (De Filippo, 1998: 93).

Poco después de llegar Nicolino, justamente antes de morir, Luca Cupiello pronuncia estas palabras:

> (Feliz de haber conseguido unir a Ninuccia con su marido, ríe satisfecho) Han hecho las paces. Las han hecho gracias a mí… ¿Lo has visto, Conce? (A Ninuccia y a Vittorio) Vosotros habéis nacido el uno para el otro. Tenéis que quereros. No le deis más disgustos a mamá… Ella ha sufrido tanto… (De Filippo, 1998: 94).

Y tras reconocer Tommasino que le gusta el Belén, antes de bajar el telón, nos dice la didascalia:

> Conseguido el anhelado «sí», Luca envía su mirada lejos, como para perseguir una visión magnífica: un Belén grande como el mundo, sobre el cual surge el hormigueo festivo de hombres verdaderos, pero pequeños peque-

ños, que hacen todo lo posible para alcanzar la cabaña, donde un verdadero burrito y una verdadera vaca, pequeños ellos también como los hombres, están calentando también a un Niño Jesús, grande grande, que late y llora, como lloraría cualquier recién nacido, pequeño pequeño...

LUCA: (*Perdido detrás de esa visión, anuncia el privilegio de verla*). ¡Pero que hermoso Belén!

¡Qué hermoso! (De Filippo, 1998: 95).

¿Esos hombres verdaderos, pero muy pequeños, no son los que viven para el ser, para la felicidad de las pequeñas cosas, para la ilusión utópica de un mundo más humano?

El gran personaje de Luca Cupiello, en muchas cosas doble de Eduardo De Filippo, es un hombre soñador y feliz, quien, como Don Quijote, vive en su ideal, en este caso de familia, situándose así fuera del mundo[13]. Para él lo importante es congelar el tiempo en la repetición de la fiesta navideña, cada diciembre igual al anterior y al próximo; volver a la infancia en la ilusión de la eterna felicidad sagrada del rito de unión familiar. Luca Cupiello, al final de su vida, con su alma de niño y de loco utópico, como Don Quijote, no renuncia a su sueño. Logra, sin embargo, contagiar a su hijo, quien al final, al reconocer que sí le gusta su Belén, no solo lima la rivalidad con la figura paterna, sino que, como Sancho Panza, logra contagiarse del ideal, en este caso del rito navideño.

BIBLIOGRAFÍA

Bibliografía primaria
De Filippo, E. (1998): *Navidad en casa de Cupiello*, versión de E. Liccioli y J. Mateo, Murcia, Escuela Superior de Arte Dramático.
De Filippo, E. (1979) [1959]: *Natale in casa Cupiello*, Turín, Einaudi.

Bibliografía secundaria
Barsotti, A. (1988): *Eduardo drammaturgo (fra mondo del teatro e teatro del mondo)*, Roma, Bulzoni.
Di Blasi, N. (2016): *Eduardo*, Roma, Salerno.
Fernández Valbuena, A. I. (2004): *Eduardo De Filippo, Un teatro, un tiempo*, Madrid, Fundamentos.

---

[13] Anna Barsotti establece también una línea de relación directa entre Luca Cupiello y Don Quijote, en el final de esta obra (Barsotti, 1988: 132).

Fischer, D. (2017): *Il teatro di Eduardo De Filippo. La crisi della familia*, Londres, Legenda.

Lombardo, A. (2004): *Eduardo De Filippo da Napoli al mondo*, en *Eduardo e Shakespeare. Parole di voce e non di inchiostro*, Roma, Bulzoni, pp.15-29.

Puglisi, A. (2001): *In casa Cupiello. Eduardo critico del populismo*, Roma, Donzelli Editore.

Testoni, E. (ed.) (2004): *Eduardo De Filippo*, Soveria Mannelli, Rubbettino.

Con derecho a fantasma de Eduardo De Filippo

1. Estructura y temática de la 'tragedia moderna'. Pasquale
Lojacono, un gran personaje

Con derecho a fantasma es una de las comedias de Eduardo De Filippo,
en tres actos (una tragedia moderna, como llamaba el autor a sus obras
a partir de 1945), de mayor éxito[1]. En ella encontramos una fusión de
elementos trágicos, fantásticos y cómicos, perfectamente ensamblados
entre sí. Estamos ante una comedia amarga, triste y melancólica, donde
la hilaridad está presente, sin embargo, en numerosas ocasiones. Para
algunos se trata de una comedia escéptica, cimentada, como la mayor
parte de las comedias eduardianas, en la exclusión e incluso podríamos
decir en la autoexclusión del personaje principal (De Gaetano 2014), una
comedia doliente donde el pesimismo humano aparece como el principal
protagonista.

---

[1] La comedia se representó por primera vez en 1946, en el Teatro Eliseo de Roma, por
la Compañía *Il teatro di Eduardo con Titina De Filippo*, bajo la dirección del mismo
autor. En 1954 De Filippo dirigirá el homónimo film, con Renato Rascel como protagonista, para debutar al año siguiente en París, en el Teatro Sarah Bernhardt con
ocasión del Festival Internacional de Arte Dramático. En 1956, de nuevo en París, en
el *Vieux Colombier*, se representa *Sacrès Fantômes*, dirigido por el mismo De Filippo,
con Henry Guisol y Rosy Vartre. De la obra se hacen dos representaciones escénicas
para la RAI, en 1956 y en 1962. Este mismo año tiene lugar una larga *tournée* por Polonia, Hungría, Austria y la URSS, junto con *Filumena Marturano*, *Il Sindaco del Rione
Sanità* (*El alcalde del distrito Sanità*) y la conocida adaptación de Pirandello *Il berretto
a sonagli* (*El gorro con cascabeles*). A partir de los años ochenta, la comedia eduardiana
se representa frecuentemente en Italia. En España se representó en 1958, en el teatro
Infanta Isabel, con el título *Con derecho a fantasma*. Era una adaptación edulcorada, a
cargo de Jaime de Armiñán, con Fernando Fernán Gómez y Amalia Gadé. En junio
de 1990 se representa en Silla (Valencia), en 1993 en Murcia, en el teatro Romea,
bajo la dirección de Javier Mateo; recientemente ha sido representada por el Centro
Dramático Nacional, en el teatro María Guerrero de Madrid, en la temporada 2010-
2011, bajo la dirección de Oriol Broggi.

Escrita entre 1945 y 1946, después de *Nápoles milionaria* (1945), y representada en 1946, es la segunda comedia de la colección *Cantata dei giorni dispari* (*Cantata de los días impares*)[2]. Eduardo se inspiró en parte en un hecho que le ocurrió a su padre[3] y también en una conversación real con un conocido.

Conocía a un viejo con la barba blanca que venía a mi casa, cuando teníamos alguna reunión de amigos, porque decía ser un experto en espiritismo. Para convencerme me decía que muy a menudo, al volver a casa, se encontraba con uno que salía de allí y lo saludaba. Decía que era un fantasma. Yo le pregunté: «¿Usted está casado? Y su mujer no dice nada» «Ella no se da cuenta de nada», me respondió, «no lo ve». Así nació: *Con derecho a fantasma* (De Blasi, 2016: 34).

El resultado es una obra muy eficaz, una máquina de sorpresas y de concentración dramática, dominada por el personaje de Pasquale Lojacono, el hombre autoexcluido, ya entrado en años; el personaje arquetípico de la producción eduardiana, siempre presente en su dramaturgia, en cierta manera su *alter ego*.

El argumento de *Con derecho a fantasma* se centra en la figura del protagonista, un hombre desconcertado, débil, pero aún no doblegado totalmente por las partes más terribles del vivir. Él se mueve en la contradicción, en el miedo; a lo largo de la obra hace aflorar sus grandes inseguridades y sus carencias materiales y afectivas, junto a su humanidad. Durante el *intreccio*[4] conocemos sus angustias, sus frustraciones, sus fracasos y también sus esperanzas. Pasquale Lojacono sigue manteniendo, a pesar de todas sus desgracias, un hálito de inocencia, no exento de una clara ambigüedad; su sentido práctico parece acompañarle también a lo largo de toda la comedia.

---

[2] En napolitano los días impares son los que traen mala suerte. Las obras pertenecientes a la *Cantata de los días impares*, escritas y representadas después de la Segunda Guerra Mundial, se acercan al peculiar neorrealismo de Eduardo De Filippo. En ellas su compromiso humano, ético y político está muy marcado.

[3] Eduardo Scarpetta había ido a vivir en su juventud a una casa que le habían ofrecido prácticamente gratis; el motivo se debía a la superstición napolitana, la que creía que allí vivía un fantasma.

[4] En la discalia que abre el primer acto se puede leer: «Para la historia que voy a contar, la siguiente disposición escénica es obligatoria». Por ese motivo, la crítica ha hablado de *romanzo scenico* para esta comedia y para toda la producción teatral del autor napolitano (De Filippo, 1998: 18).

Al protagonista dedica De Filippo sus famosos recitativos, marcados por las pausas y por los famosos silencios, llenos de sentido dramático. Estos no solo no ralentizan el ritmo de la comedia, sino que contribuyen a su tensión y a la transformación fantástica y contradictoria del protagonista. En este sentido, es célebre el diálogo/monólogo, dedicado a la preparación del café napolitano, dirigido al personaje ausente y siempre presente, al vecino de la casa de enfrente, el profesor Santanna, representación del auditorio. El profesor constituye un magnífico logro escénico por parte de Eduardo, su presencia sirve para dialogar, indirectamente, con el público. Santanna puede ser considerado, en cierta manera, su representante; además, a través de él se nos dan a conocer otras partes del personaje. El profesor es también en cierta forma un doble del protagonista, su otra mitad, su conciencia.

Pasquale Lojacono es un pequeño burgués venido a menos tras la Segunda Guerra Mundial. A pesar de su falta de medios (aquí el dinero vuelve a estar en el centro temático y actancial de la obra), mantiene un tono de dignidad superior con el portero del edificio *seicentesco*, Raffaele, o con los obreros de la mudanza. Pasquale se ocupa de todo para que no le falte de nada a su esposa, *'la sua signora'*, María, de la que está enamorado como un caballero andante. Ella representa, sin embargo, a la verdadera burguesa, solo preocupada por la posesión de bienes y por la vida fácil, a pesar de que el código de honor de la Nápoles ancestral pesa aún, en algunos momentos, sobre ella.

A partir de aquí, es fácil comprender que Eduardo haya centrado su atención en una clase social poco emprendedora, pero todavía digna y algo pretenciosa, heredera del código de honor de los viejos hidalgos españoles arruinados. No debe olvidarse además que el piso en el que Pasquale va a vivir había sido construido en el siglo XVII por un noble español, Rodríguez de los Ríos. Lojacono se instala en el antiguo palacio, en el centro de Nápoles, porque es gratis. Es un piso de dieciocho habitaciones, con infinidad de balcones, totalmente restaurado por el propietario, quien lo cede al protagonista para que destruya la leyenda del fantasma y se pueda así revalorizar la propiedad.

Según cuenta la leyenda, el hidalgo-fantasma español había matado a su amante porque le era infiel. De esta manera, desde las primeras escenas del primer acto se pone de manifiesto en la comedia, desde todos sus frentes, el tema del adulterio, una de las grandes preocupaciones del teatro meridional italiano. Por su puesto, María, la mujer de Pasquale (que tiene un amante real), permanece fuera de toda esta trama de fantasías y de supersticiones, muy arraigadas en Nápoles y en toda la Italia del sur. Su marido trata de preservarla de toda preocupación. Alfredo, el amante real de María, a los ojos de Pasquale es un fantasma, el que le proporciona a él todo el dinero que necesita para abrir una pensión y llevar una vida decente, digna y cómoda.

La cuestión central de la comedia está, sin embargo, en saber si Lojacono cree verdaderamente en la existencia del fantasma o solo representa creer en él. Por esta razón tenemos que estar muy atentos al juego que nos ha preparado el autor. Los lectores y el público se debaten entre pensar que el personaje es la representación del candor y de la inocencia crédula o bien el sinvergüenza que finge creer en las presencias del más allá para obtener beneficio económico del amante de su mujer. Quizás ambas posibilidades conviven a la vez en Pasquale, aunque al final parezca, con el encuentro entre él y Alfredo, en el balcón, que la balanza podría inclinarse hacia la creencia fantástica en términos casi absolutos. Por lo tanto, lo que realmente interesa en *Con derecho a fantasma* no es la historia del fantasma en sí, sino el hecho de que Pasquale Lojacono crea en su existencia o finja creer en ella para beneficiarse y obtener 'favores'.

Ya desde el primer acto sabemos que entre María y Pasquale no hay una verdadera relación de amor, ni de afecto, ni tan siquiera de mínima convivencia; rápidamente sabemos también que el fantasma es una persona viva; Alfredo, el amante de la mujer de Pasquale, es un hombre muy rico, con una familia real y legal. Este llena la casa de Lojacono de enseres, de comida y deja en los bolsillos de la chaqueta 'mágica' del protagonista grandes cantidades de dinero para que María pueda vivir con él en paz.

Tras el primer encuentro entre Alfredo y Pasquale, las didascalias parecen dejar claro que Lojacono cree que la presencia humana que ve en su nueva casa corresponde a un espíritu:

> Disipando cualquier duda acerca de la naturaleza de la visión, y valorando a la vez su prodigiosa realidad, le flaquean las fuerzas. Al temblar de miedo, se vuelve totalmente pálido, balbucea algo incomprensible, y, mientras se sienta con extrema lentitud, como para ni siquiera mover el aire que le rodea, empieza a santiguarse una vez tras otra, como si tuviera una inspiración, como si fuera un asceta, un visionario; como alguien que ha visto a un fantasma (De Filippo, 2011: 56).

A partir de este momento se establece la complicidad con el público. Este está al corriente de algo que ignora o quiere ignorar el personaje. Estamos ante una tensión que quedará sin resolver a lo largo del desarrollo de todo el drama.

2. Con derecho a fantasma y su relación con el teatro de Luigi Pirandello

Desde el mismo día del estreno de la obra, la crítica advirtió la originalidad de la comedia, pero puso también de manifiesto su estrecha relación con la obra de Luigi Pirandello, referencia por otra parte inevitable. El tema fantástico, la presencia de los fantasmas, exteriores e interiores, propios y ajenos, el adulterio, los cuernos, el marido traicionado y la presencia de la familia de Alfredo, en el segundo acto, seres más allá de la realidad, son sin duda eco de la huella del dramaturgo siciliano en la comedia de De Filippo. Pero no se puede liquidar de un plumazo la cuestión de la falta de originalidad de la obra, haciendo solo una mera referencia a los núcleos dramáticos del teatro de Luigi Pirandello.

Como el mismo Eduardo decía al hablar de su 'pirandellismo', la concepción teatral de ambos autores es muy diferente:

Yo no entiendo este pirandellismo del que habla la crítica. ¿Qué quiere decir? ¿Que insinúan que he copiado a Pirandello? ¿Que me he apropiado de su temática? Si esto es lo que se entiende por pirandellismo, mejor ni mencionarlo, pues es algo obvio. Pero mis personajes, con frecuencia pobres y hambrientos, maltratados por la vida, pero con la constante convicción de que una sociedad más justa y humana es posible, están totalmente alejados de la concepción dramática de Pirandello y de sus *Seis personajes*. Por el contrario, si por pirandellismo se entiende que he leído, visto, comprendido y admirado su teatro, que a él lo he conocido personalmente y lo he venerado, que aún hoy, cuando pienso en él, en su inteligencia lúcida y chispeante, en su *humour*, en su humanidad, me invade una tremenda nostalgia y un sentido de pérdida irreparable, entonces sí, en esos momentos es claro que estoy enfermo de pirandellismo.

Todos los escritores debemos mucho al genio de Pirandello. Cuando Arthur Miller dice que, si él no hubiera existido, él escribiría de otra manera, dice algo real y de justicia. Pero cuando alguien acusara a Miller de pirandellismo, sería algo inaceptable (Di Blasi, 2016: 140)[5].

Al comparar *Con derecho a fantasma* con *Gorro con cascabeles*, observamos la gran diferencia entre Ciampa, el personaje pirandelliano, y Pasquale. El primero sabe y acepta amargamente los cuernos que le pone su cónyuge, y para ello acusa a la esposa del amante de su mujer de locura. El fingimiento de Ciampa, con su gorro bufonesco en la cabeza, hace del viejo

---

[5] La traducción es mía.

protagonista un personaje grotesco y casi delirante. Por el contario Pasquale, un 'ahéroe' sin atributos, se mueve en la más absoluta ambigüedad. Su posible credulidad inocente, a pesar de no estar del todo clara, no solo 'redime' al personaje del sufrimiento grotesco, sino que lo 'salva', o parece salvarlo, gracias a su credo fantástico.

Por otra parte, la aparición del tragicómico cortejo de la familia de Alfredo Marigliano: Armida, la esposa, su hijo, su hija y los padres de ella, en el segundo acto de la comedia, a pesar de su semejanza física con la familia de los *Seis personajes* (todos vestidos de negro y deseosos de contar su historia), son presentados fundamentalmente como un grupo cómico. Este, a través del juego semántico de los dobles sentidos, centrados en la vida y la muerte, en la condena y en la salvación, con una fuerte tormenta de truenos y relámpagos de por medio: «Yo hace un año y medio que no vivo, que estoy muerta» (De Filippo 2011: 71), nos hace fundamentalmente reír, y su presencia contribuye poderosamente a que el protagonista crea en que verdaderamente está ante el fantasma de la damisela ejecutada por el noble español en el siglo XVII:

ARMIDA: [...] A mí la muerte me sorprendió, mientras amaba, en pleno... en el mismo momento en que las vibraciones de mi corazón, de mis sentidos... llegaban a la cumbre de mi más completa –¿me entiende?– de mi más completa felicidad...
PASQUALE: ¿Justo en ese momento? ¡Qué lástima!
ARMIDA: Emparedada viva en una casa fría y triste.
PASQUALE: ¡Usted es la damisela! (De Filippo, 2011: 72)

El parlamento de Armida, centrado en sus labores domésticas y culinarias, dedicadas al bienestar del marido, aparte de denunciar indirectamente la condición 'laboral' de las mujeres napolitanas dentro del matrimonio, devuelve el texto dramático a un realismo cotidiano que nada tiene que ver con el drama incestuoso y psicológicamente devastador de los personajes de Pirandello.

ARMIDA: ¡Muerto! (*Trueno más fuerte*) Y porque él lo quiso. ¿Qué buscaba? ¿Qué más podía hacer yo por él?, Nada, no le podía dar nada (*emocionada*) Le gustaban tanto las *orecchiette al ragù*, rellenas de *formaggio e ricotta*...[6]

---

[6] Las referencias a la comida y a la cocina están siempre presentes en todas las obras de De Filippo. Por una parte, nos hablan de un realismo costumbrista y cotidiano,

[...]

PASQUALE: ¿Ya se comían entonces?

ARMIDA: ¡Claro! Se las hacía yo misma, con mis propias manos... Me dolían hasta las muñecas... «Armida, han llegado los pimientos»... Y Armida hacía la *parmiggiana con mozzarella*...Que si una mancha en el traje, el dobladillo del pantalón, el pañuelo en el bolsillo y el otro listo y planchado, perfumado con «Cuero de Bulgaria», como le gusta a él [...] (De Filippo, 2011: 71-72).

Además en *Questi Fantasmi!* se caracteriza al grupo de familia como almas del purgatorio o del infierno, hecho que contribuye a que Pasquale crea aún más en la posibilidad de que está ante seres del otro mundo:

ARMIDA: ¡Y él se ha ido! ¿Y yo? ... ¡Yo! ¿Por qué lo espero? Primero el Purgatorio, después el Infierno... Porque ahora, de todas todas, yo estoy en el Infierno.

PASQUALE: ¡Ahora se entiende todo! ¡Son almas malas! (De Filippo, 2011: 72).

Evidentemente, la comicidad está servida. Desde la aparición de Alfredo en el primer acto, el público sabe más que el personaje principal, quien, en su doble juego, debatiéndose entre la picardía chulesca y la creencia fantástica, da bandazos ante el público, haciéndolo reír constantemente.

Es evidente que el autor, para la redacción de esta obra, se inspira en la temática y las figuras del teatro pirandelliano, pero su utilización se separa de las preocupaciones psicológicas y meta-físicas de este. Eduardo se adentra en una comicidad escéptica y amarga, en la que la risa se erige en verdadero protagonista; una risa descreída, en gran parte motivada por la ambigüedad comportamental de su personaje: un sinvergüenza aprovechado y/o un supersticioso crédulo e ingenuo.

2. PISTAS SEMÁNTICAS ACERCA DEL JUEGO DOBLE Y AMBIGUO DE PASQUALE LOJACONO

Tras una lectura atenta de la comedia, podemos advertir que Pasquale Lojacono parece saber más de lo que en un principio podría imaginarse. Su ambigüedad queda sin resolver, como ya sabemos. Es cierto que las

---

pero además son un fiel reflejo de la importancia de la cocina en la tradición cultural napolitana e italiana, y su ausencia, un reflejo de la precariedad y de la miseria de los protagonistas de sus comedias. La cursiva está en la versión española.

acotaciones del primer acto nos sitúan ante un hombre que piensa haber visto realmente a un fantasma en la persona del amante de su mujer. Pasquale, como hemos dicho, palidece y cree estar ante una presencia del más allá; la gallina muerta del balcón ha desaparecido y se ha transformado en un pollo asado, hay flores encima de las mesas y un hombre silencioso se despide de él y se marcha ante sus propios ojos con toda tranquilidad. Todo le hace pensar que lo que le ha dicho el portero, la hermana de este (en la versión española es un hermano) y el profesor Santanna es verdad. En la casa hay fantasmas.

Sin embargo, en el acto segundo se opera en el texto un deslizamiento semántico con respecto a la conducta del personaje en relación a su credulidad. Se podría decir que el famoso monólogo del café con el profesor Santanna y el diálogo entre Pasquale y Raffaele, dedicado al dinero de la compra del día, (De Filippo, 2011: 62-65), nos pueden poner sobre la pista del conocimiento del protagonista con respecto a la infidelidad de María.

Si analizamos con calma las palabras del monólogo del café, veremos que el doble sentido y la alusión a los cuernos, de la cafetera y del personaje, quedan no solo insinuados, sino casi dichos, con bastante claridad. Y no debemos olvidar que *le corna*, desde Boccaccio y Maquiavelo, con su famosa *Mandrágora* (1518), pasando por Giovanni Verga, con su *Cavalleria Rusticana*, musicada por Pietro Mascagni en 1890, están en el centro temático del teatro italiano y en la obra del mismo Pirandello, como ya se ha dicho.

> [...] Claro, claro... Pero, escúcheme: ¿quién podría prepararlo, como yo mismo, con esta pasión, con este cuidado? Entenderá que, al servirme a mí mismo, hago las cosas como Dios manda, sin dejarme nada... Por ejemplo, en el **cuernecito**... ¿ve usted el **cuerno**? (*Coge la maquinilla y señala el cucurucho de la cafetera*) Aquí, profesor, aquí... ¿**dónde está mirando usted**? Este... ¿**me está mirando a**...? El **cuerno** de la cafetera...(*escucha*) **Usted siempre bromeando... No...No...No me ofendo**[7]... a mí también me gusta... Bueno, en el cuerno, yo le pongo este *coppittiello*, un cucurucho de papel... (*se lo enseña*) Parece una tontería, pero es importantísimo... (De Filippo, 2011: 57-58).

En negrilla se han resaltado los núcleos semánticos que, desde la elisión, la alusión y el implícito, tratan del adulterio de la mujer de Pasquale y de la consciencia que el personaje tiene de tal hecho.

---

[7] La negrilla es mía.

Hablando del café y de la cafetera con el profesor, el protagonista usa la palabra cuerno para referirse a la máquina. Primero usa el diminutivo: «cuernecito», solo una vez, y posteriormente «cuerno», repetido por dos veces. Y como todos sabemos, la palabra cuerno (*corno*) y su plural, cuernos (*corna*), en las sociedades mediterráneas, está directamente ligada al adulterio de las esposas. Por otra parte, en la didascalia de este monólogo la voz de Eduardo autor no utiliza la lexía «cuerno», sino «cucurucho», *becco*, exactamente, en una clara diferenciación semántica con respecto a la presencia léxica, fuertemente connotada, elegida por su personaje.

Pero la clave de la indirecta a la condición de Pasquale, la clara alusión ofensiva que Santanna le lanza, se refuerza con las preguntas que el mismo protagonista hace al profesor. «¿Dónde está mirando?». «¿Me está mirando a …?», se comprende que se refiere «a mí», elidido, pero presente en el enunciado. Estamos ante presencias léxicas, explícitas e implícitas, que aluden por *deixis ad oculos* directamente al mismo Pasquale, a su cabeza y no a la parte superior de la cafetera. Por eso el protagonista tiene que aclarar que el profesor debe mirar al cuerno, al cucurucho, al *becco* de la máquina del café.

Así mismo la negativa, por tres veces repetida, con respecto a la ofensa: «Usted siempre bromeando… No…No…No me ofendo», las dos primeras implícitas, solo con el adverbio de negación no, seguido de los puntos suspensivos (los que corresponden a los silencios mímicos del actor en referencia a que no se ofende), y la segunda explícita, acorde con la broma pesada que le lanza el vecino, nos llevan de nuevo a la situación del marido traicionado y cornudo. Es decir, si situamos el monólogo del café dentro de la temática general de la comedia, está claro que los cuernos de la cafetera son *le corna* de Pasquale Lojacono. Y este parece estar al corriente de su situación, aunque no quiere reconocerla. Lleva los cuernos con la misma tranquilidad con que se toma la tacita de café después de la siesta.

En segundo lugar, hay que prestar atención al diálogo entre el portero y Pasquale. En este caso, el protagonista, cansado de los continuos robos de Raffaele, decide no pagarle las dos mil liras que le debe por la compra del día anterior. Por eso, en un contexto de insinuaciones y continuos sobrentendidos, el protagonista le dice al portero que la suma debida la han hecho desaparecer los fantasmas. Y añade:

PASQUALE: ¿Y mi cambio? ¿No ha desaparecido también?
RAFFAELE (*Exasperado, pero con sentido de justicia*): ¡Pero luego ha reaparecido!
PASQUALE: Y tus dos mil liras, no. ¿Qué le vamos a hacer? Aquí desaparecen

muchas cosas y yo callado… Que si corbatas, que si pañuelos, que si toallas… Las sábanas, ¿no han desaparecido las sábanas? ¡La tortilla de macarrones, desaparecida! ¿Y la **gallina**[8]? ¿Y el melón? El melón que traía cuando vine a vivir aquí, ¡nunca más se volvió a saber de él! (De Filippo, 2011: 61-62).

Aquí la pista semántica que nos ayuda a comprender que Pasquale se da cuenta de casi todo lo que pasa en su casa está en la gallina. En el primer acto, al llegar el protagonista a la nueva casa, traía bajo el brazo el ave, ya muerta por asfixia (De Filippo, 2011: 55-56). El portero la cuelga de un clavo en uno de los balcones y, mientras Pasquale va a por velas, la roba. Al volver el marido, se encuentra encima de la mesa un pollo asado (manjar exquisito en la postguerra) y se imagina que es la gallina. La transformación del animal, junto a las flores y la presencia de un desconocido que sale de un armario, le hacen creer, o bien él finge creer y jugar con el público, que se encuentra ante hechos sobrenaturales.

PASQUALE: (*Entra por la puerta de la entrada con el paquete de velas*) Traigo las velas. (ALFREDO *no puede escaparse por ninguna parte, se para como si quisiese mimetizarse en el armario.* MARÍA *también se queda de piedra*) Había por aquí un candelero… (*Lo encuentra entre los objetos de una cesta*) Aquí está… (*Pone la vela y se acerca a la mesa. Se percata de la presencia de* ALFREDO. *No da crédito a lo que ven sus ojos, no se lo quiere decir a su mujer;* ALFREDO *está inmóvil.* PASQUALE *ve el pollo asado. Su mente imagina rápidamente la gallina. Deja rápidamente el candelero en la mesa y corre hacia el balcón. No encuentra la gallina debajo del trapo. Vuelve a la mesa haciendo gestos de asombro, describiendo el milagro de la transformación. Quiere hablar, pero divisa a* ALFREDO. *Quiere encender la vela, pero no puede. Después de dos o tres tentativas, finalmente se enciende*) De las otras no había, solo de estas. (*Mira otra vez a* ALFREDO *que sigue sin moverse. Intenta distraerse, esperando que la próxima vez, la visión haya desaparecido*) ¿Esto es una gallina asada?, ¿verdad? (De Filippo, 2011: 56).

Es decir, es claro que hay una contradicción entre lo que dice la didascalia del acto primero y la consciencia práctica de Pasquale, en relación a la lista de hurtos de Raffaele en el segundo acto. Por lo tanto, si no se trata de un despiste por parte del autor en la construcción de la comedia, y no parece el caso, nos vemos obligados a pensar que el diálogo con Raffaele nos coloca ante un personaje más pícaro y astuto de lo que en un principio pudiéra-

---

[8] La negrilla es nuestra.

mos pensar. Lojacono se da cuenta de todo, pero oscila entre la credulidad supersticiosa, la picaresca y la necesidad de vivir tranquilo, en compañía de María, con la que mantiene una relación evidentemente simbiótica. Por eso le dice, cuando ella le interroga sobre la procedencia del dinero que le ha permitido poner la pensión: «¿Mari, pero…a ti qué te importa?» […] «¿De qué manera?, ¿qué importancia tiene? Mira, resulta que hay un espíritu bondadoso que nos ayuda y esperamos que siga ayudándonos en el futuro» (De Filippo, 2011: 48-50).

En realidad, Pasquale Lojacono, desde su escepticismo y desde su inocencia, en la fusión contradictoria de los dos aspectos opuestos que conforman su personalidad, parece aceptar, en su totalidad, las grietas dolorosas de la existencia. Al verse obligado a vivir precariamente, acosado por las deudas y la miseria, tras la ruptura entre los amantes, asediado por los acreedores, decide pedir directamente el dinero al fantasma de Alfredo, cuando vuelve a ver a María, antes de fugarse definitivamente con ella. En el bolsillo, el amante de su esposa lleva consigo una fuerte suma de dinero, la misma que deja en la mesa, después del conmovedor monólogo de Pasquale Lojacono, ambiguo y claro a la vez.

[…] Sabía que no me ibas a abandonar… Cuando vine a esta casa me dijeron que había fantasmas, pero nunca me lo creí. Y te pido perdón. Ahora sí, me lo creo, porque te veo, porque puedo hablar contigo… Estoy contento. Me siento fuerte y la fuerza me hace confiar, me da esperanza. La casa me la dieron gratis, para acreditarla. A mi mujer no le dije nada, para no asustarla. De hecho, yo era el único que te veía, ella no. Después me has ayudado, has levantado la casa entera, todo el dinero que hacía falta… De repente, desapareces. Me dejas sin nada. Tú me diste un ritmo de vida que yo solo no puedo mantener: ¡ayúdame! Con un poco de dinero puedo seguir con la pensión, que ya empezaba a funcionar… Sé que eres un alma buena, me puedes entender. Nunca le pude regalar a mi mujer una pulsera, un anillo, ni el día de su cumpleaños. Nunca pude ahorrar dinero suficiente para llevarla de vacaciones. A veces le he tenido que negar un par de medias. Si supieras lo triste que es eso, para un hombre, esconder su humillación detrás de un chiste, de una sonrisa… El trabajo honesto es doloroso y miserable… y no hay manera de encontrar un trabajo digno. Y yo la pierdo, cada día la voy perdiendo un poco más… ¡Y no puedo perderla! ¡María es mi vida! Sé que me entiendes, no tengo el valor para decírselo… porque el coraje te lo da el dinero…Sin dinero te conviertes en un hombre tímido, miedoso… ¡Sin dinero te conviertes en un canalla, en un sinvergüenza! ¡La pierdo! Porque llega un momento en que el amor se tiene que convertir, para cualquier mujer, en una piedra preciosa, un objeto de oro, en un vestido bonito... Ropa interior de seda...o la pierdes, el amor se acaba, se muere. El dinero es para el amor como el agua para las flores... ¡Ayúdame! Con otro hombre, otro hombre como yo, no hubiese hablado; porque... ¿Por qué me iba a humillar frente a otro hombre? Pero contigo sí, contigo puedo hablar, tú eres otra cosa. Tú estás por encima de los sentimientos que nos condenan a cerrar el corazón: orgullo, envidia, superioridad, egoísmo, falsedad. Hablando contigo, desaparecen. Hablando contigo me veo un don nadie, nada, me acerco a Dios, me veo pequeñito, pequeñito... me veo muy poca cosa, nada... ¡y verme así, nada, así me puedo liberar del peso de mí mismo, que me oprime, que me agobia! Ayúdame, ayuda... Mira: me pongo de rodillas. Mira. (*Se abandona en la baranda; no llora, está contento. Espera*). (De Filippo, 2011: 81-82).

Después de este monólogo, magistralmente interpretado por el propio Eduardo, nos preguntamos: ¿se podría llegar a pensar incluso que el protagonista se dirige a Alfredo, aun a sabiendas de que es el amante de su mujer? O bien ¿es probable que Lojacono crea creer o mejor quiera creer que Alfredo es un fantasma, porque es el único modo de poder continuar sobreviviendo? La incapacidad práctica de Pasquale, como en el caso de Luca Cupiello, le conduce a la autoexclusión, dentro de la cual solo cabe la salida de la fantasía y de la creencia esperanzada en un ser superior, situado a la vez fuera y dentro de este mundo.

Pero la duda está servida una vez más en la comedia, si tenemos presente que Pasquale le dice al portero, en el primer acto, nada más llegar a la nueva casa, que él había hecho todo tipo de trabajos, incluso había sido empresario teatral y había interpretado a *Hamlet*. Aunque todo había sido un fracaso, es fácil deducir que el protagonista conoce al dedillo el mundo del teatro y tiene dotes de actor.

PASQUALE: En esta vida yo he hecho de todo; las profesiones más humildes: he hecho hasta de empresario teatral...
RAFFAELE: ¡No!
PASQUALE: Hicimos *Hamlet*, pero no venía público... Nada me ha salido bien, solo fracasos (De Filippo, 2011: 47).

La pista acerca de la manera de proceder de Lojacono se encuentra justamente en *Hamlet* y en la propia vida del autor napolitano, dedicada enteramente al teatro, con la precariedad que este conlleva en tantas ocasiones, como en *El arte de la comedia*, de 1964.

Veamos. Si Pasquale conoce el mundo del teatro a la perfección y ha representado, como empresario o como actor, al personaje de Hamlet, sabe que la duda, entre la presencia del fantasma del padre y la potencia de la imaginación del gran personaje de Shakespeare, abre o mejor aún adelanta lo que va a ser su propio conflicto existencial: creer o no creer en el fantasma. Por otra parte, en la comedia escéptica de Eduardo, titulada *De la parte de Hamlet* (1940), este es representado por Franco Selva, un viejo actor retirado y fracasado. El hecho de que la figura de Selva fuera interpretada también por De Filippo, como en el caso de Pasquale Lojacono, y que este fuera además un actor fracasado, ¿no traza una línea de unión entre el protagonista de la comedia de 1940, Lojacono, y el mismo autor? Pero, sobre todo, podemos preguntarnos: ¿partiendo del continuo juego de simulacros, dudas, ambigüedad que rodea al personaje de Pasquale, no podríamos entender que su último monólogo ante Alfredo es su última gran actuación teatral, encaminada al logro total de sus deseos: el dinero para la pensión y la permanencia de María a su lado?

Al abrirse esta vía interpretativa, nos volvemos a situar en la importancia capital que la metateatralidad ocupa en la obra del autor napolitano. Para Eduardo la vida es teatro y el teatro es la vida. Por este mismo motivo, Pasquale Lojacono puede servirse también de sus dotes teatrales para abrirse camino en su vida y recomponerla, aunque sea desde dentro de la representación de su propio papel existencial de ingenuo credulón.

3. *CON DERECHO A FANTASMA*: SEXO Y DINERO

Como acabamos de ver, en el monólogo que prácticamente cierra la obra de De Filippo el dinero es la causa última de todos los males de los personajes. Si en *Navidad en casa Cupiello* era la causa del matrimonio de conveniencia de Ninuccia y de la ruina afectiva de toda la familia, aquí es la causa del adulterio de María y de la aceptación y del 'deshonor' de Pasquale. Obviamente, nos movemos dentro de un código de comportamiento que obedece a las reglas del mercado sexual y matrimonial de la sociedad italiana de la primera mitad del siglo XX, en la que muchas mujeres se relacionaban con los hombres solo por razones económicas. Este es el caso de María. Hay que recordar que, en el acto tercero, una vez que ha roto con su amante, parece aceptar sin dudarlo las veladas proposiciones eróticas de Gastone, el cuñado de Alfredo (De Filippo, 2011: 79).

No debemos olvidar que, si en *Navidad en casa Cupiello*, Concetta, la mujer de Luca, era el motor y la causa principal del dolor de toda la familia, aquí lo es también una mujer, María; en gran medida, el origen de la infelicidad y del deshonor de Pasquale. La crueldad con la que trata a su marido la caracteriza como a un personaje femenino sin corazón, una especie de seductora, interesada en vivir bien, tal y como aparece en el monólogo último de la comedia (De Filippo, 2011: 79).

El retrato de las mujeres calculadoras y frías, Concetta, Maria o Amalia, la mujer de Gennaro Iovine en *Nápoles millonaria*, nos conduce no tanto a la desintegración de la familia patriarcal, cuanto más bien a la crítica al *mammismo* napolitano y a la obvia misoginia que de este se desprende, viva en buena parte de la cultura napolitana e italiana del siglo pasado.

4. Con derecho a fantasma y la Nápoles de postguerra

La miseria y la precariedad de Lojacono, un fracasado, escéptico y pícaro, pero soñador al mismo tiempo, guarda estrecha relación con la extrema miseria, material y espiritual, experimentada por los habitantes de la ciudad de Nápoles durante el fascismo y tras la llegada de las tropas aliadas a Nápoles, en 1943. Curzio Malaparte en su famosa novela *La pelle* (*La piel*) (1949), en consonancia con las memorias de Norman Lewis, *Naples 1944: An Intelligence Officer in the Italian Labyrinth* (1978), da cuenta en su obra de la degradación humana y moral de una ciudad, empeñada en obtener ganancia a cualquier precio tras haber sufrido la guerra, el hambre, la peste y la irrupción del Vesubio.

Si las condiciones de toda Europa fueron terribles al término de la Segunda Guerra Mundial, las de la ciudad partenopea rozaron el apocalipsis. De ahí que la precariedad, la miseria, el dinero y el sexo se convirtieran en protagonistas de buena parte de literatura napolitana de la postguerra.

Bibliografía

Bibliografía primaria
De Filippo, E. (1997) [1960]: *Questi fantasmi!*, Turín, Einaudi.
De Filippo, E. (2011): *Con derecho a fantasma* (*Questi fantasmi!*), traducción de P. Miró y E. Ianniello, Madrid, Teatro María Guerrero, Temporada 2010-2011, Centro Dramático Nacional.

Bibliografía secundaria
Barsotti, A. (1988): *Eduardo drammaturgo*, Roma, Bulzoni.
Barsotti, A. (1992): *Introduzione a Eduardo*, Roma, Laterza.
Barsotti, A. (2003): *Eduardo*, Turín, Einaudi.
De Blasi, N. (2016): *Eduardo*, Roma, Salerno.

De Gaetano, R. y Roberti, B. (eds.) (2014): *L'arte di Eduardo. Le forme e i linguaggi*, Cosenza, Pellegrini Editori.

Fernández Valbuena, A. I. (2004): *Eduardo De Filippo: un teatro, un tiempo*, Madrid, Fundamentos.

Quarenghi, P. (2000): *Eduardo De Filippo. Teatro*, Milán, Mondadori.

Dario Fo: sátira, farsa y teatro militante

1. DARIO FO: UN 'ANIMAL DE TEATRO' Y UN GUERRERO INCANSABLE
Dario Fo (1926-2016), en colaboración a su esposa Franca Rame (1929-2013), puede ser considerado una de las figuras más importantes del teatro italiano y europeo de la segunda mitad del siglo XX[1]. En 1997 recibe el Premio Nobel, lo que suscitó una importante controversia cultural en Italia.

Autor, pintor, antropólogo, crítico de arte, actor, director de teatro, compositor de canciones y especialista en tradiciones populares, a lo largo de su larga carrera publicó más de cincuenta farsas y comedias satírico-grotescas, dirigió más de ochenta puestas en escena en casi todo el mundo, fue diseñador de sus propias *performaces*, fue crítico de arte e hizo cine... Estamos, en consecuencia, ante un artista integral, de gran versatilidad, fuerza y energía dramática; un hombre que vivió para el teatro y para su compromiso sociopolítico y ético.

Hay que recordar además que Dario Fo participó activamente en la vida sociocultural italiana; a partir de los años cincuenta, su obra creó siempre polémica y tambaleó, mediante sus espectáculos y la fuerza incisiva de la risa, los mecanismos del poder y de la injusticia, siempre en defensa de los más débiles y de los desposeídos, entre ellos, las mujeres. Sus comedias, de títulos paradójicos, sus escándalos televisivos, con denuncias sobre los ritmos de trabajo de los obreros en las fábricas y en la cadena de producción, la sátira contra los políticos del momento, contra la hipocresía sexual del patriarcado, contra la ridiculización grotesca de la 'marionetas' de la política y de los mecanismos antievangélicos de la Iglesia oficial... le acarrearon denuncias, persecuciones e incluso arrestos y atentados terroristas[2].

---

[1] Para algunos críticos es el mejor actor después de Charlie Chaplin.
[2] Su esposa e íntima colaboradora, coautora de sus obras dramáticas y actriz comprometida con las posiciones de la izquierda italiana, Franca Rame, sufrió, en marzo de 1973, en su propia carne, el secuestro, la violación y la tortura por parte de grupos de la extrema derecha. Para exorcizar el horror de la violación, en 1975 escribió un monólogo sobre su propia tortura y humillación, y lo representó en 1988 en la RAI,

A partir de 1968, año de la revolución estudiantil de París, apoyada y defendida por Fo, cuyas consecuencias llegan también a Italia y a otras partes del mundo, el dramaturgo rompe con el Partido Comunista de Italia, según él, por su falta de arrojo político y por su falta de sintonía con la izquierda más radical, y también lo hace con el teatro 'burgués', con los espacios y mecanismos del mundo teatral al uso y con la ARCI, la Asociación Cultural Italiana, fundada en 1957, de claro signo antifascista, con la que había trabajado de sus comienzos. Crea entonces, junto a su mujer, sus propias compañías teatrales, primero *Nuova Scena* (*Nueva Escena*) (1968) y posteriormente *La Comune* (*La Comuna*) (1970). Empiezan a representar sus obras en espacios alternativos, en fábricas, estadios de fútbol, aulas universitarias, iglesias desconsagradas, cárceles... El teatro de Dario Fo y de Franca Rame se dedica, a partir de este momento, al activismo político (Barrena Valbuena, 1998: 15).

Su quehacer incisivo queda así marcado por las vicisitudes sociales y por los acontecimientos políticos que trazaron la vida italiana, a partir de finales de los años sesenta, con el inicio de los denominados años de plomo[3]. A partir de entonces la actividad teatral de Fo fue incesante, nunca dejó de denunciar los escándalos, la corrupción del poder y la masacre de la vida y de los inocentes; en sus obras se ha atacado la Guerra de Vietnam, el golpe de Estado de Pinochet contra Salvador Allende, indirectamente, el comercio de la droga y sus implicaciones políticas, el anticomunismo de papa Wojtyla, la corrupta obscenidad de Berlusconi... entre otros (Farrell, 2020: 65-78). En sus últimos años de vida, Fo da apoyo a Beppe Grillo, fundador del movimiento *Cinque Stelle*, e incluso intentó participar activamente en la política, presentándose como alcalde de Milán en 2001 y en 2006.

---

en el programa nocturno de máxima audiencia *Fantástico*, que le fue cedido por el famoso cantante italiano Adriano Celentano. En 1978 ambos dramaturgos sufrieron un atentado.

[3] Los años de plomo son los caracterizados por la estrategia de tensión en Italia, los intentos de golpes de Estado, la actividad terrorista de signo opuesto, la desestabilización del Estado de Derecho y el intento de frenar lo que se conoce como compromiso histórico entre Democracia Cristiana (sectores más avanzados) y Partido Comunista. El escándalo mayor en la escalada de la tensión hay que situarlo en 1978, con el rapto de Aldo Moro y su posterior asesinato por parte de las Brigadas Rojas. Muchos intelectuales italianos denunciaron el asesinato del político, así como la no voluntad de negociar por parte de los principales responsables de la DC, que no parecían querer salvar la vida a su compañero de filas; entre los textos más representativos que denuncian tales hechos cabe citar el de Leonardo Sciascia: *El caso Moro* (1978) y, el del mismo Dario Fo, *La Tragedia de Aldo Moro*, una lectura dramatizada, realizada en público en 1979.

Asimismo, se debe precisar que gran parte de la riqueza de su teatro nace de su participación directa en la política italiana. Los temas del debate público se convierten, por tanto, en el centro de sus espectáculos, que van creciendo conforme crece la demanda política de sus espectadores, incondicionales, en relación con los movimientos, las demandas sociales y las conquistas de la reivindicación política. El teatro de Dario Fo, en consecuencia, sobre todo a partir del 68, debe ser entendido como una radiografía de la política mundial y preferentemente de la italiana. Como se ha dicho, su obra es, en cierta forma, un teatro de *piazza* (Puppa, 1978: 9-10) o de calle, como diríamos en español.

A partir de esta renovación dramática, de finales de los años sesenta, la nueva dimensión del espacio escénico foiano, alejado ya de los circuitos convencionales, condiciona la estructuración y las necesidades comunicativas de sus espectáculos en relación con el auditorio; incluso la elección lingüística de sus *performances*, centrada en lo que se conoce como *grammelot*[4] y en la importancia decisiva de la corporalidad cómica de sus recursos más hilarantes, determina la preponderancia de la oralidad y de la mímica, cercanas, en algunos casos, a lo que se ha definido como *agit-prop* (Puppa, 1990: 118-119). Por eso, su teatro debe ser considerado un claro ejemplo de teatro militante. Cada una de las puestas en escena de sus obras puede ser vista, en parte, como una fiesta de afirmación política, en la que el público juega un papel decisivo tanto escénica como ideológicamente.

Sin embargo, se debe decir también que la vitalidad productiva de Fo es fruto de la mejor tradición escénica italiana y no solo italiana. Él sabe fundir al autor con el actor, al escenógrafo con el director, haciendo suyas las enseñanzas vivas de la comedia grecolatina, sobre todo la de Aristófanes y la de Plauto. Por otra parte, su estrecha relación con la *commedia dell'arte* es más que evidente en sus obras, así como su pasión por la espectacularidad popular, por el género de la revista y del teatro cómico napolitano[5]. En

---

[4] El lenguaje onomatopéyico, basado principalmente en las variantes dialectales de la llanura del Po, constituye la mejor prueba del expresionismo lingüístico del actor Fo. Este no solo realiza *performances* en un *grammelot* italiano septentrional, su fuerza expresiva le permite además imitar los sonidos y las cadencias melódicas de dialectos italianos del sur, del catalán, del francés y del inglés. Como veremos, *Misterio bufo* es el laboratorio del plurilingüismo expresionista del gran teatrero.

[5] Por supuesto, Goldoni, Molière y Shakespeare están también en la base del teatro de Dario Fo, como no podía ser de otra manera. A estos debemos unir el nombre de Ruzzante o Ruzante, pseudónimo de Angelo Beolco (Padua, 1500-1542), escritor, actor y director de teatro italiano, al que se conoce por el nombre del más célebre per-

este sentido, las enseñanzas de Eduardo De Filippo y del cine de Totò son decisivas para él, sin olvidar la lección de la compañía cómica de los Rame, la familia de Franca, *troupe* popular ambulante, especializada en sátiras y en comedias. Todas estas manifestaciones caracterizan su práctica escénica y constituyen la genealogía base de su quehacer teatral, hasta llegar a la reflexión de la antropología dramática, en sintonía con Eugenio Barba o con la experimentación del teatro pobre de Jerzy Grotowski, quienes, conjugados con la épica brechtiana, nos conducen a la denuncia política que hace Fo de los males de nuestro tiempo.

Es decir, Dario Fo, mediante la sátira popular, sabe dar la vuelta al dolor de la tragedia humana de los inocentes, al hambre, a la guerra, a la muerte, a la violencia y a la injusticia, para hacer reír al espectador gracias al uso de la contorsión situacional y semántica de lo grotesco y de lo carnavalesco, y gracias también al uso corporal y mímico. El mismo Fo reivindica la importancia de la tradición del teatro 'menor' en su obra, de la revista, de las variedades, de las marionetas y de los saltimbanquis, de los payasos, a lo que se suma, como ya hemos dicho, el peso del teatro épico-político de Bertolt Brecht y Erwin Piscator.

Después de todo lo dicho, es posible afirmar que la actividad escénica de Fo-Rame representa un acto de resistencia, un mecanismo utópico para intentar cambiar el mundo mediante la risa y la desacralización de la farsa.

2. Itinerario teatral de Dario Fo

Aunque en realidad no se debería hablar de fases en la trayectoria dramática de Dario Fo, ya que estamos ante un continuo, progresivo y móvil, muchos de los críticos que han estudiado su obra distinguen, por razones prácticas, varias etapas dentro de su producción.

Los primeros pasos de su pasión por el teatro hay que buscarlos en su infancia y en la capacidad de fabulación mágica, fantástica y representativa de los pescadores del Lago Maggiore, cerca de San Giano, en la provincia de Varese, en Lombardía, donde nació el autor. Estos, juntos con los locos, marcaron poderosamente su imaginario dramático (Valentini, 1997: 34-43). Después, ya en edad juvenil, en la universidad, junto a amigos y estudiantes, llevó a cabo espectáculos de sátira política de gran éxito. Pero es sin duda su amistad y colaboración con el actor y escritor Franco Parenti

---

sonaje de sus comedias dialectales: un humilde campesino que, en clave de humor trágico, encarna las contradicciones de su clase social y de su tiempo.

el hecho que lo encamina definitivamente a su vida de teatrero; juntos, en pequeños locales alternativos de Milán y en sus giras por ciudades de la provincia, dan rienda suelta a su vena cómica y satírica; de las *performances* foianas no quedan por supuesto excluidas ni la música ni el canto.

En contacto con Parenti y con el género de la revista, tan popular en Italia en los años cincuenta y principio de los sesenta, Fo pone ya las bases de una de sus primeras comedias de mayor consistencia, como por ejemplo *Il dito nell'occhio* (*El dedo en el ojo*), de 1953[6]. Esta obra marca su éxito definitivo. En el 54 representa *Sani da legare* (*Sanos de atar*), en clara alusión al clima fuertemente anticomunista de la Italia del momento. Son los años de encuentro y matrimonio con Franca Rame. La crítica ya habla aquí de reminiscencias brechtianas (Valentini, 1977: 47-48).

Dos años antes había representado para la RAI el programa radiofónico *Poer Nano* (*Poder enano*), un conjunto de historias paródicas de personajes bíblicos, históricos y literarios, en un intento de desmitificación de los grandes héroes de la cultura popular y de reivindicación de otros olvidados o marginados. Se trata de monólogos que presentan una estructura de desdoblamiento dialógico entre el personaje representado y su antagonista. Estos a su vez se acompañan de partes narradas, que a modo de marco introductorio sirven de aclaración para el posterior *exemplum* dramatizado. Nos encontramos aquí con una organización dramática semejante a la utilizada posteriormente en *Misterio bufo* (1969), aunque esta última es sin duda más elaborada.

Fo intenta, ya desde estos primeros monólogos-diálogos, construir un juego paródico y paradójico con respecto a los acontecimientos que la historia oficial considera importantes. A partir de aquí, el dramaturgo comenzó a escribir comedias de situación, claramente influido por Sarte[7], como: *Ladri, manichini e donne nude* (1958), (*Ladrones, maniquíes y mujeres desnudas*), *Aveva due pistole con gli occhi bianchi e neri* (1960) (*Tenía dos*

---

[6] *Il dito nell'occhio* se escribió junto a Giustino Durano y Franco Parenti, en 1953, con la colaboración en la dirección escénica de Jacques Lecoq. Era un espectáculo de revista que en realidad escondía una clara sátira social y política. Fue varias veces censurado. La primera función tuvo lugar en el Piccolo Teatro di Milano, el 21 de junio del mismo año. La obra presenta ya la fragmentariedad y el ritmo ágil de las distintas escenas, en realidad casi *flashes*. La cohesión del espectáculo reside en el mimo, ya determinante en el teatro de Fo, gracias a las enseñanzas de Lecoq.

[7] El mismo Fo confesó la importancia que para él tuvo el teatro del escritor e intelectual francés (Farrel, 2020: 73).

pistolas con los ojos blancos y negros), *Chi ruba un piede è fortunato in amore* (1961) (*Quien roba un pie es afortunado en amor*). Estamos ante comedias satíricas de enorme éxito, censuradas, sin embargo, en televisión. En ellas, se presentan ya las características de su posterior teatro: la comicidad farsesca, su gran capacidad para crear situaciones absurdas y su increíble habilidad en la construcción dialógica, ágil y tronchante. La complejidad de estas piezas se manifiesta en la elaboración de la trama, estructurada mediante juegos y equívocos, elementos absurdos y situaciones surrealistas. Estas actuaciones de finales de los años cincuenta y principios de los sesenta están ya dentro de la compañía Fo-Rame[8].

Con estas farsas burlescas, en coincidencia con el *boom* económico italiano y con una cierta apertura del país hacia el centro izquierda, el autor comienza lo que la crítica ha definido como la etapa burguesa de su teatro. Esta concluirá a finales de los sesenta con la ruptura del autor con los circuitos comerciales. Fo empieza a sentirse incómodo con el público burgués que lo aplaude, pero que critica y ataca fuera del teatro sus posicionamientos políticos e ideológicos.

Ya en los sesenta, Darío Fo escribe *Isabella, tre caravelle e un cacciaballe* (1963) (*Isabel, tres carabelas y un liante*). Con esta obra de revisión histórica con respecto a las decisiones del Estado español en relación con la conquista de América, se opera un giro importante en la elaboración de su teatro. Lo mismo podemos decir de *La colpa è sempre del diavolo* (1964) (*La culpa es siempre del diablo*), una comedia satírica de corte histórico, ambientada en Lombardía entre los siglos XIII y XIV. Esta indaga en los conflictos religiosos entre los llamados 'herejes' y el poder de la Iglesia; Brancalone, el personaje del enano, habla ya en dialecto véneto arcaico; tanto por su temática como por la adecuación lingüística del personaje, en esta farsa nos estamos acercando ya a *Misterio bufo*.

Por otra parte, en estas comedias satíricas el ejercicio de la metateatralidad empieza a asomarse a su práctica escénica. Nos encontramos con un engranaje bien ajustado, en el que todo está previsto con suma exactitud. Asistimos a las dilataciones dramáticas de los *sketches* de sus obras anteriores, ahora perfectamente ensambladas entre sí. Según avanza la década de los sesenta, su teatro se vuelve cada vez más comprometido. Así en *Settimo, ruba un po' meno* (1964) (*Settimo, ruba un poco menos*) se analiza directamente la corrupción especulativa italiana de aquellos años; en *La Signora*

---

[8] La compañía Fo-Rame se funda en 1958 y dura diez años, en estos momentos se benefician de las ayudas del ETI (Ente Teatral Italiano).

è da buttare (1967) (*A esta señora hay que desecharla*) asistimos a la crítica directa al imperialismo americano.

En este momento, Fo concibe ya la comedia como un espectáculo de hibridación semiótica, donde tienen cabida materiales heterogéneos, narraciones explicativas, canciones, pinturas… El paso de la farsa, solo de un acto, a la comedia, ya de dos o tres, va a ir implicando una mayor complejidad dramática, así como la incorporación de variados recursos escénicos y una mayor elaboración del texto. A través de la presencia de las canciones, Fo no solo aumenta la diversión del público y su participación directa en el espectáculo, sino que además pretende alcanzar un distanciamiento de corte más brechtiano.

Hay que recordar también que en 1962 participa en el famoso programa televisivo *Canzonissima*, que abandonará rápidamente por problemas con la censura, y en 1966 da a conocer *Ci ragiono e canto* (*Razono y canto*), actividad que dirige para el grupo *Nuovo Canzoniere italiano* (*Nuevo Cancionero italiano*), adentrándose así en el estudio de las tradiciones populares italianas[9]. Podemos decir que ya en la primera versión de *Ci ragiono e canto* Dario Fo rescata, dentro del rico panorama del folclore nacional italiano, las canciones que hablan de la vida difícil y dolorosa de los trabajadores italianos antes de la revolución industrial. Es un trabajo que sigue las enseñanzas de Antonio Gramsci (muy presente en el quehacer de los intelectuales de la izquierda italiana de aquellos años) y en particular en el pensamiento de Dario Fo. Así se ponen de manifiesto las condiciones de opresión popular, tanto en el trabajo como bajo el poder político, religioso y militar.

En 1968, sirviéndose aún del ARCI, pero ya dentro de su compañía Nuova Scena, presenta *Gran pantomima con bandiere e pupazzi* (*Gran pantomima con banderas y marionetas*), más en la línea de su segunda etapa: una *performance* claramente política. Fo escribe y lleva a la escena una revisión satírica de la continuidad del fascismo dentro de la República italiana.

---

[9] El trabajo nace dentro del Instituto Ernesto De Martino, gracias a la investigación de Cesare Bermani y Franco Coggiola, quienes desean representar, a través de las canciones populares de todas las regiones de Italia, las condiciones sociales y antropológicas del mundo popular y proletario italiano. Se trata de un trabajo de redescubrimiento del repertorio popular de las tradiciones de la península italiana, en la línea de estudio de las actividades del *Nuovo Canzoniere Italiano*, en el que se sitúa el espectáculo dedicado a *Bella Ciao* (1964), por ejemplo, redimensionando los cantos populares, en su génesis de cantos del trabajo, para así alejarlos de cualquier tipo de mistificación y de olvido.

En ella insiste en la importancia de la lucha de los trabajadores contra las marionetas de la burguesía liberal. En la obra no faltan, sin embargo, críticas a la Unión Soviética y a su llamada coexistencia pacífica. En *Gran pantomima* son evidentes las influencias del teatro popular: máscaras, marionetas y muñecos, pero el espectáculo ahonda cada vez más en la crítica política, económica, social y cultural de la Italia de aquellos años. En concreto en *Gran pantomima con bandiere e pupazzi* (*Gran pantomima con banderas y marionetas*) se ridiculiza directamente la política del Partido Socialista Italiano, y en *Legami pure che io spacco pure lo stesso* (*Átame que yo lo destruyo de todas maneras*), del mismo año, se ataca el reformismo de la política del PCI, en directa conexión con *L'operaio conosce trecento parole, il Padrone mille. Per questo il Padrone è il Padrone* (1969) (*El trabajador conoce trescientas palabras, el patrón mil. Por eso el patrón es el Patrón*), piezas que evidencian los chantajes ideológicos ejercidos por los sectores de izquierdas, así como la clara disociación entre la militancia política y el comportamiento personal y privado. Hemos entrado ya de pleno en el teatro político de Dario Fo.

Ya en los últimos años sesenta y en la década de los setenta, en coincidencia con la grave crisis que atraviesa Italia, Fo respondió con su compromiso teatral, su mejor arma, creando dos de sus grandes obras: *Mistero bufo* (*Misterio bufo*) (1969) y *Morte accidentale di un anarchico* (1970) (*Muerte accidental de un anarquista*), conocidas y representadas en todo el mundo. En esta misma línea política y satírica, escribe también *Pum Pum Chi é? La polizia!* (1972) (*Pum, pum, ¿quién es? ¡La policía!*). En ella se pretende revelar los entresijos del poder institucional y las técnicas difamatorias del Ministerio de Interior y de los Servicios Secretos italianos con respecto a los militantes de la izquierda.

Pero el compromiso político del autor no se limita al caso italiano, escribió también teatro con referentes políticos de otros países, poniendo de relieve la política mundial de su tiempo. Es el caso de *Feydan* en 1971, un grupo de guerrilleros palestinos cantaban y narraban su historia o *Guerra di popolo in Cile* (*Guerra del pueblo de Chile*), en 1973, dedicada al golpe de Estado de Augusto Pinochet. A lo largo de esos años, sus obras comprometidas son cada vez más abundantes. Este es el caso de *Qui non si paga, non si paga!* (1974) (*¡Aquí no paga nadie!*), una pieza teatral cómica que narra las peripecias de dos mujeres obreras que roban en los supermercados, camuflando la mercancía bajo su ropaje de falsas embarazadas. De esta manera el autor desea denunciar la situación de precariedad y de pérdida del valor adquisitivo en la Italia del momento, marcada por la 'crisis' económica. La gracia y la vivacidad cómica de la obra la han convertido en una de las más representadas en toda Europa.

Por último, enmarcada aún dentro de la tensión de la década de los setenta, Fo retoma la temática del terrorismo, en 1981, con *Clacson, trombette e pernacchi* (*La mueca del miedo*). La obra, centrada en el personaje de Gianni Agnelli, presidente de la FIAT, transfigurado en el personaje del obrero Antonio, critica el abuso del poder económico sobre el político y pone de manifiesto los entramados oscuros de poder entre economía y terrorismo. Fo da aquí una vez más muestra de toda su capacidad mímica, de su improvisación caricaturesca y del manejo de lo grotesco.

Es importante destacar también lo que puede denominarse la etapa feminista del teatro de Dario Fo y de Franca Rame. Estas obras son en gran medida monólogos escritos durante finales de los años setenta e inicios de los ochenta. Están dedicados a la condición de las mujeres. Estos textos son evidentemente el resultado de su estrecha unión con Franca, con ella los compone y ella fue la encargada de representarlos. Entre estas obras cabe destacar *Tutta casa, letto e chiesa* (1977) (*Todo casa, cama e iglesia*). Es la primera serie de monólogos grotesco-satíricos, de gran actualidad, dedicados a la temática de la condición femenina. En ellos se da cuenta de la vida de las mujeres italianas de la época, de las amas de casa, de su soledad, de sus miedos, de su desamor, de su subalternidad, de su enorme estrés en el caso de las trabajadoras, del maltrato por parte de los maridos, del intento de liberación y búsqueda de una identidad propia por parte de las esposas, quienes empiezan a plantearse otras formas de vida; los monólogos más populares son *La donna sola* (*La mujer sola*) e *Il risveglio* (*El despertar*). En 1983 representan *Coppia aperta* (*Pareja abierta*), dedicada al conflicto de las parejas falsamente desinhibidas, donde lo que reina es el machismo más tragicómico.

En la misma línea de fusión de lo personal con lo político, consigna clave ya a partir del movimiento del 68, a principios de los años noventa representa, junto a Franca Rame, *Lo zen o l'arte di scopare* (traducido en español *Tengamos el sexo en paz*). Se trata de un texto proveniente del manual de sexología escrito por el hijo de ambos, Jacopo Fo. La actuación saca a la luz, jocosa y cómicamente, los prejuicios, tabúes y desinformación sobre el sexo. En ella se habla del aborto, del sida, de la impotencia, de la frigidez o del orgasmo con una gran libertad, pero con gran respeto y delicadeza. Aun así, fue vetada durante tiempo en Italia. La obra está compuesta por un conjunto de monólogos que tratan temas candentes acerca de la sexualidad.

Como ya se ha dicho en el punto anterior, en sus últimas actuaciones ataca directamente a los personajes de la vida pública italiana, como en *L'Anomalo bicefalo* (2003) (*El anómalo bicéfalo*), farsa dedicada a Silvio Berlusconi, y, en 2008, se plantea incluso temas de candente actualidad, como por ejemplo el tema ecológico y la destrucción del planeta. Este es el caso de *L'apocalisse rimandata, ovvero Benvenuta catastrofe* (*El apocalipsis prorrogado o Bienvenida catástrofe*).

El número de comedias farsescas del autor italiano es por supuesto mayor. Aquí solo hemos querido mencionar aquellas que nos son más familiares y que mejor representan las fases de su producción escénica.

3. *MISTERIO BUFO* O LA SACRALIDAD POPULAR DEL JUGLAR

Según el mismo Fo, estamos ante una «juglarada»[10] medieval y popular. La obra fue representada por primera vez en 1969, aunque, al haber sufrido continuos añadidos a lo largo del tiempo, podemos decir que *Misterio bufo* es un texto móvil que se va ampliando conforme reacciona el público a cada una de sus puestas en escena y ante las investigaciones que, en materia juglaresca, va desarrollando el autor a lo largo del tiempo[11].

La obra se presenta como un conjunto monologado y dialógico en el que se tratan, fundamentalmente, episodios de tema bíblico, inspirados en los Evangelios Apócrifos y en historias populares que relatan episodios de la vida y pasión de Jesús, vistos siempre desde una perspectiva anticlerical y, casi siempre, inspirados en la rebelión humana de las enseñanzas del Cristo-Hombre. En palabras del mismo Fo, su *Misterio bufo* supone una representación sagrada, una misa grotesca. En ella se ironiza y se satiriza a quienes se sirven de lo sagrado para hacer negocio, como en *La resurrezione di Lazzaro* (*La resurrección de Lázaro*) (Brusegan, 2013: 65). Fo transfiere los acontecimientos sagrados a la cotidianeidad, en la que se mezcla lo sublime con lo humilde e incluso con lo vulgar.

La obra alcanzó una enorme acogida y se representó en estadios de fútbol y en aulas universitarias. No debe olvidarse que el significado de

---

[10] El interés de Fo por el juglar medieval nace también de la necesidad de justificar su trabajo desde un punto de vista cultural. El dramaturgo legitima en esta obra al fabulador y recrea su papel social.

[11] La edición de *Misterio bufo*, publicada por la editorial Guanda de Milán en 2016, es la edición íntegra. En ella aparecen los distintos monólogos y sus distintas posibilidades de representación escénica, precedidos de un comentario introductorio a cargo del autor. Uso la edición de 2018.

mistero (misterio), a partir de la etimología griega y de las nuevas connotaciones aportadas a la palabra entre los siglos III y IV, nos remite a la representación litúrgica. Misterio quiere decir, por tanto, representación sagrada y, en consecuencia, *Misterio bufo* es una *performance* sagrada, pero al mismo tiempo grotesca o burlesca. Sigue la línea satírica y carnavalesca de la juglaría medieval más contestataria.

Pero la fuerza performativa de la obra se fundamenta, como ya se ha dicho, en la creatividad mímica y actorial de Fo, y sobre todo en la lengua que usó para su representación. Se trata, como ya se sabe, de una lengua en parte inventada y en parte reelaborada a partir de una antigua fusión de los dialectos del norte de Italia, los pertenecientes a la denominada línea franco-véneta. Es una *koiné* lingüística en la que prevalece el lenguaje onomatopéyico, conocido como *grammelot*. Este, siguiendo la tradición lingüística de la *commedia dell'arte*, reproduce los ritmos y las cadencias de las modalidades habladas del valle del Po. A estas se suma la invención expresiva de una oralidad histriónica y grotesca del autor, en gran parte inspirada en los personajes más humildes de la comedia del arte; de ahí que en posteriores puestas en escena de la obra se incluyeran partes dedicadas al hambre del *Zanni* o a los excesos sexuales de Arlequín.

Misterio bufo constituye, por consiguiente, una *performance* de gran originalidad, un espectáculo total en el que se mezcla la exposición oral y educativa de Fo, quien primero explica lo que a continuación va a representar, generalmente a partir de un dibujo o de una imagen, sirviéndose también de todo tipo de material audiovisual, para a continuación dar paso a la verdadera puesta en escena. La aclaración previa, siguiendo la tradición de los *exempla* medievales, a modo de clase o de *narratio* explicativa, enmarca el posterior monólogo, desdoblado y polifónico, dedicado a cada una de las historias de los personajes, humildes y rebeldes, a los que se dedica la pieza.

Misterio bufo puede ser considerado, por tanto, teatro de narración, en la línea de Peter Brook y Thierry Salmon. La obra constituye un precedente del actual teatro narrativo italiano. La obra ha influido a actores-narradores italianos como Marco Baliani, Marco Paolini o Laura Curino, aunque la vivacidad corporal y mímica de Fo dota a esta obra de una originalidad única e irrepetible. La representación foiana se basa en una total complejidad gestual, en la que se funde la capacidad innata de actor con la fabulación medieval, sobre todo la procedente de los *fablieaux* franceses (como en *Moralità del cieco e lo storpio* (*Diálogo entre el ciego y el cojo*)), mezclada con la música, el canto, la poesía y la visualidad, puesta al servicio de una aparente desacralización católica oficialista, de la que no está, sin embargo, excluida una clara espiritualidad rebelde y heterodoxa de base ética cristiana (Fo, 2016: 69-70). Porque, como nos dice el autor, él siempre ha mantenido una actitud religiosa hacia el mundo (Fo, 2007: 75).

El centro de la obra hay que situarlo en la reivindicación de la cultura popular, que para el autor es la base de la historia del teatro. Para sus monólogos, Fo se inspira en las tradiciones populares de la Edad Media, sirviéndose fundamentalmente de los estudios de filólogos medievales y antropólogos. Su intención es sacar a la luz las historias de los vencidos, la galaxia sumergida de todo el arte y de las manifestaciones culturales y artísticas de la Italia más humilde. En consecuencia, pretende ofrecer otra visión de la historia cultural y religiosa, contraria a la oficial. De ahí el papel clave de los juglares y de los *cantastorie*. De esta manera, *Misterio bufo* rehace la tradición religiosa de los misterios sagrados en clave satírico-grotesca y anticlerical. Es decir, la obra puede ser considerada también un manifiesto cultural y político en defensa de la visión nacional-popular de corte gramsciano, contraria a la alta cultura burguesa. Su autor puede ser entendido, por tanto, como un modelo de lo que Antonio Gramsci denominó un intelectual colectivo.

En *Misterio bufo*, Fo indaga, pues, en la cultura pobre, campesina, vulgar y soez, entendida como la principal fuerza de su quehacer político contra el poder. La búsqueda de episodios cristianos, presentes en las herejías medievales, se inscribe en la tradición espiritual pretridentina y milenarista (Puppa, 1978: 97) y, dentro de ella, hay que situar a su Cristo rebelde y a su Virgen humana, mujer que se opone a los designios divinos del Padre, concebido siempre en clave política como tiránica *auctoritas*, como en *Maria alla croce* (*María en la cruz*). De esta manera, fundiendo lo antiguo y lo pasado con lo nuevo y lo presente, Fo llama a la conciencia de los militantes de base, entre los que se encuentran también los creyentes en los márgenes de la Iglesia oficial, quienes, al lado de los pobres, pretenden abrir nuevas vías evangélicas de transformación social. Podríamos decir que el autor, en cierta manera amparado por los presupuestos renovadores del Concilio Vaticano II, se sitúa en lo que se ha venido a definir como teología de la liberación.

La figura clave de *Misterio bufo* (determinante en toda su producción escénica) debe buscarse en el loco-juglar, encarnado en escena en la misma figura del actor, otro loco utópico en la defensa de los desheredados. Fo toma inspiración en el personaje de la tradición juglaresca, en el *fool*, tan usado en todo el teatro occidental. El loco, y sus distintas variantes comportamentales, entre las que podemos señalar al borracho y al juglar, están indirectamente ligados al personaje de Arlequín, arquetipo clave de la comedia foiana y del quehacer escénico de muchos grupos teatrales italianos del momento. Estos personajes, desde su posición de *outsiders*, se permiten decir la verdad y atacar al poder; en sus críticas agudas e irreverentes se condensa toda la tensión rebelde y militante del espectáculo.

El loco-juglar guía, por tanto, la acción escénica de todo el *Misterio bufo*, y al actuar como abogado defensor de la causa de los humildes abre contra el poder, desde la misma puesta en escena de sus monólogos paródicos, una especie de proceso. De esta manera el público, a partir de la puesta en escena de dicho proceso simbólico, hace las veces de tribunal popular en relación con todas las causas de injusticia social pendientes con respecto a los desheredados. La carcajada y la risa diluyen, sin embargo, la tensión política y trágica subyacente al texto para convertirlo en una fiesta alternativa con respecto a los poderosos, con respecto a la cultura burguesa y en relación con su refinamiento artístico, mistificador, sublime y excelso. De ahí que el cuerpo, la comida, la bebida, la sexualidad y todo lo que pertenece al mundo del vulgo se erija en protagonista de estos misterios grotescos, expresión de la *praxis* vital de los más desfavorecidos.

El *fool*, borracho o juglar es, en consecuencia, el encargado de provocar la risa liberatoria que anatemiza la muerte, y en muchos de los pasajes de *Misterio bufo*, la muerte de Cristo en particular. El loco es quien provoca el *risus paschalis* de ascendencia órfica y dionisiaca, todavía presente en la predicación del domingo de Pascua, durante la Edad Media, en países como Francia, Alemania o el norte de Italia (Puppa, 1978: 75; Brusegan, 2013: 64). Por esta razón el actor-autor, Dario Fo, dentro de la ritualidad de su propio espectáculo, se transforma en una especie de sacerdote-profeta, el que predica una controvertida e invertida misa-manifiesto-mitin contra la política oficial de la Iglesia y sus mistificaciones religiosas, favorecedoras del *statu quo* y del poder.

Como posible confirmación de todo lo dicho, debemos recordar la escena-monólogo dedicada al nacimiento del juglar. En ella Cristo salva al campesino, víctima de las ofensas del poderoso, justo antes de su suicidio, mediante un beso en la boca. Le confiere así el poder de la palabra rebelde, la capacidad de defender con su lengua, hiriente y grotesca, a los humildes y ridiculizar a quienes los ultrajan.

> —¡Desgraciado! Es justo que te hayas quedado la tierra, es justo que no quieras amos, es justo que hayas tenido la fuerza de no ceder, es justo… ¡Te quiero, eres fuerte! Pero te falta algo que es justo que tengas: aquí y aquí (indica

la frente y la boca). No te quedes aquí pegado a esta tierra, sal y a los que te tiren piedras diles, hazles comprender, y arréglatelas para que esa vejiga hinchada que es el amo la puedas pinchar con la lengua, para que salga el suero y el agua podrida. Tienes que aplastar a estos amos y curas y todos los que les rodean: notarios, abogados, etc. No por tu bien, ni por tu tierra, sino por aquellos como tú que no tienen tierra, no poseen nada y solo pueden sufrir y no tienen dignidad que reclamar. ¡Enséñales a vivir con el cerebro y no con los pies!

—¿Es que no comprendes? Yo no valgo para eso, tengo una lengua que no se mueve en la boca, me atasco a cada palabra, no tengo doctrina y mi cerebro es débil y flojo. ¿Cómo voy hacer esas cosas que dices, y andar por ahí hablando a los demás?

—No te preocupes, ahora viene el milagro.

Me agarró de la cabeza, me acercó a él y me dijo:

—Jesucristo soy, que vengo a ti para darte la palabra. Y esta lengua pinchará y reventará como una lama todas las vejigas, y se lanzará contra los amos para aplastarlos, para que los demás comprendan, para que los demás aprendan, para que los demás puedan reírse de ellos. Que solo con la risa se deja coger el amo, y si se ríen de los amos, el amo de montaña que es, se vuelve colina, y después ya nada. ¡Toma! Voy a darte un beso que te hará hablar.

Me besó en la boca, mucho rato me besó. Y de pronto sentí que mi lengua brincaba, y mi cerebro rebullía y mis piernas se movían solas, y me planté en la plaza del pueblo, gritando:

—¡Acudid, gentes! ¡Acercaos! ¡Aquí está el juglar! Os enseñaré a hacer sátira, a burlaros del amo, que es una vejiga grande y con mi lengua la voy a pinchar (Fo, 1998a: 64).

Por tanto, tras el milagro, Cristo habla a través del juglar en esta *performance*, defendiendo su credo utópico. Y Dario Fo, al ser también otro juglar, se hace mediante su *Misterio bufo* portavoz de la utopía humana del cristianismo, origen de todo credo de justicia y de igualdad. Lo mismo podemos decir de los pasajes titulados *El loco y la muerte* y *El loco bajo la cruz*, donde Cristo, «el más loco de todos los locos», es concebido como el doble del personaje irreverente y subversivo del loco-juglar.

Frente al loco, Dios-Padre es visto, por el contrario, como un ser caprichoso y tirano, el que ha traído al mundo al campesino como máquina de trabajo para el patrón. En *El nacimiento del villano*, el Dios del Antiguo Testamento, de manera parecida a la del relato judío del nacimiento del Golem, no parece tener amor por sus criaturas, y su creación se hace en beneficio propio y de los poderosos. Esta espiritualidad irreverente y provocadora, caracterizadora de *Misterio bufo*, no deja de contener un profundo sentimiento de lo sagrado. Pero este se presenta, principalmente, como una manifestación de lo carnavalesco; una visión muy apreciada por los intelectuales de los años setenta (Toschi, De Bartholomeis, De Martino, Bachtin, Plechanov (Marinai, 2020: 108). De ella se sirve Fo desde el inicio de su teatro.

Para cerrar estas reflexiones sobre *Misterio bufo* solo cabe decir que el autor, siguiendo los pasos de otros dramaturgos europeos, devuelve el teatro a la actualidad mítica y patémica de la que se había alejado. Por eso, bebe del lejano y legendario Medievo, el que le queda más cercas de su tradición popular, mientras algunos de sus coetáneos, como Antonín Artaud, lo hacían del mundo oriental.

4. *Muerte accidental de un anarquista* o la investigación contra las tramas negras del poder

Muerte accidental de un anarquista es quizás la comedia más conocida de Dario Fo. Se representó por primera vez en 1970, dentro de su propia compañía *La Comune*. La sátira política está dedicada a la 'muerte accidental' (como irónicamente anuncia su título) del anarquista y ferroviario Giuseppe Pinelli. Esta tuvo lugar en la comisaría de Milán, en un principio en circunstancias poco claras, y fue rápidamente archivada como un caso de muerte por enfermedad repentina, el 15 de diciembre de 1969, pocos días después de los atentados terroristas de la milanesa Piazza Fontana.

El trágico atentado se produjo el 12 de diciembre de 1969 en el Banco de Agricultura, en paralelo a otro perpetrado el mismo día en Roma; en un principio el atentado se atribuyó a grupos anarquistas de extrema izquierda, pero la realidad posterior mostró que la masacre se debía a la derecha más radical. Pinelli, a causa de un 'mareo repentino', sufrido durante el interrogatorio, cayó por la ventana del cuarto piso del edificio de la Comisaria, según la versión oficial.

Sin embargo, la opinión pública italiana sabía que tal versión no correspondía a los hechos reales, dado el desajuste horario entre el momento en que oficialmente se notifica la muerte del anarquista y en el que se llama a la ambulancia. Dados los aparentes síntomas de tortura encontrados en el cuerpo de la víctima, todo hizo pensar que Pinelli murió a manos de la policía. Tal hecho provocó un gran escándalo en la sociedad italiana y como consecuencia muchos políticos e intelectuales lo denunciaron[12]. Tres años

---

[12] Como homenaje a Giuseppe Pinelli, aparte de *Muerte accidental de un anarquista*

más tarde el comisario de policía que llevó el caso fue asesinado por las Brigadas Rojas, aunque se ha sabido después que no estuvo presente el día del 'accidente'. Con estos acontecimientos trágicos se abre en Italia la dura realidad de los años de plomo, la que abarca toda la década de los setenta.

La puesta en escena de esta farsa trágica le acarreó a Dario Fo cuarenta causas judiciales, abiertas en varias regiones de Italia. Con el objetivo de evitar problemas legales, el autor decidió ambientar la acción en la ciudad de Nueva York, donde en 1921 había ocurrido un suceso muy semejante con Andrea Salsedo, amigo de los anarquistas Niccola Sacco y Bartolomeo Vanzetti; sucesos similares, pero totalmente imaginarios, los encontramos en la película *Primera plan* de Willy Wilder[13].

La actualidad del argumento y su tensión tragicómica y grotesca sigue vigente tanto por su mordaz voluntad de descubrir los entresijos más oscuros del poder como por la elección del género satírico y carnavalesco, y, sobre todo, por la voluntad de intentar descubrir y revelar la verdad cruel de los poderes fácticos, divirtiendo y haciendo reír, sin embargo, al espectador.

La *Muerte accidental* tomó cuerpo y se fue desarrollando poco a poco a partir del material de crónica política que Fo y Rame fueron consiguiendo sobre el caso Pinelli, mediante actas del proceso, artículos de periódico, entrevistas... Por eso la obra fue cambiando según se iban conociendo nuevas noticias. De hecho, entre 1970 y 1973 tuvo tres versiones diferentes. Nos encontramos, en consecuencia, ante un gran trabajo de documentación, el que como siempre fundamenta el teatro político de Fo y Rame. En este caso el espectáculo sirvió además de presión política para denunciar ante la sociedad un 'posible' asesinato encubierto. La actividad de denuncia política que llevo a cabo el autor italiano en esta obra está muy en la línea del cine político de Costa Gavras o de Patricio Guzmán, Francesco Rosi, entre otros[14].

---

de Dario Fo, hay que recordar el documental *Documenti su Giuseppe Pinelli* (1970) de Elio Petri y Nelo Risi, así como la canción *Ballata dell'anarchico Pinelli* (*Balada para Pinelli, el anarquista*), del mismo 1969.

[13] *Primera plana* de Wilder está basada en la obra de teatro homónima de Ben Hecht y Charles MacArthur. Anteriormente había sido llevada a la pantalla por Lewis Milestone en 1931: *Un gran reportaje*, y por Howard Hawks, en 1940, con el título *His Girl Friday* (*Mi asistente favorita*).

[14] Costa-Gavras (1933) es uno de los pocos autores (junto con Gillo Pontecorvo, Ken Loach o Patricio Guzmán) que cultiva un cine de tema crítico y sociopolítico. *Missing* (*Desaparecido*) trataba de la complicidad de Estados Unidos en el golpe de Augusto

El dramaturgo italiano intenta, por tanto, sacar a la luz la otra verdad, la no oficial, pero que respondía, sin embargo, a la verdadera ejecución de los acontecimientos. Mientras la prensa oficial y más conservadora defendía el mareo de Pinelli, causa de su defenestración, en las librerías italianas, en 1970, empezaban ya a publicarse volúmenes que incitaban a conocer lo realmente acaecido. Es el caso del libro de la editorial Savelli de Roma, *La masacre de Estado*, escrito por un grupo de militantes de izquierdas. Estamos ante un momento crítico en el que Italia entra en una profunda crisis y parte de la burguesía liberal empieza incluso a tener serias dudas con respecto a las instituciones. Por esta razón, Fo introduce con su espectáculo una farsa incisiva y mordaz en el panorama político de la época. *Muerte Accidental de un anarquista* actúa, pues, como arma política contra las falsedades de la política del Ministerio del Interior, del Ministerio de Justicia y del Vaticano, instituciones que habían protegido y condecorado a Luigi Calabresi, el comisario.

La comedia satírica es, por consiguiente, una obra de investigación periodística y política, y sobre todo una obra de denuncia que, mediante la risa *buffonesca* y los trucos de inversión social propios del Carnaval[15],

---

Pinochet. En *Estado de sitio* denuncia la connivencia de la CIA con la dictadura cívico-militar en Uruguay (1973-1985); en *La confesión* trata sin tapujos las torturas del estalinismo; en *Sección especial*, el colaboracionismo del gobierno de Vichy con los invasores nazis; en *La caja de música* aborda el tema de los criminales de guerra aún ocultos. Esto le valió no pocas críticas y polémicas: fue acusado de antisemita por *Hanna K* y de desagradecido, cuando en la película norteamericana *El sendero de la traición* descubrió el fascismo latente en el profundo sur de Estados Unidos. El director denunció las buenas relaciones que hubo entre la Santa Sede y Hitler en *Amén*, las angustias de los emigrantes en *Edén al Oeste* y de los parados en *Arcadia* y la voracidad de los banqueros en *El capital*. En definitiva, en palabras del crítico Diego Galán, «su cine compone una crónica política de las principales páginas de la segunda mitad del siglo pasado... y que aún continúa reflejando el presente». Por su parte, Francesco Rosi (Nápoles; 15 de noviembre de 1922-Roma; 10 de enero de 2015) fue un director de cine y guionista italiano. Su película política más conocida es *El caso Mattei* de 1972, dedicada a la figura del ingeniero Enrico Mattei, presidente del ENI, muerto en un extraño accidente de aviación en 1972, cuando regresaba de Sicilia. Dicho accidente fue investigado por la prensa italiana sin éxito. Pier Paolo Pasolini le dedica parte de su libro póstumo, *Petróleo*.

[15] En realidad, el loco disfrazado de juez, de militar y de arzobispo es quien interroga hábilmente a la policía involucrada en el caso de la muerte de Pinelli para obtener su confesión sobre la realidad de los hechos. De manera que asistimos a la inversión jerárquica de la realidad social.

pretende llegar al fondo de la verdad. Pero al mismo tiempo es un perfecto engranaje dramático y escénico, atemporal y universal, muy bien trabado, representado infinidad de veces, con resultados siempre ágiles y de gran éxito. La genialidad de Fo se centra de nuevo aquí en la creación y representación del personaje del loco-bufón-Arlequín, el verdadero director de escena de su propio teatro, quien lleva a los demás personajes a confesar la mentira y el engaño y a revelar la verdad. Esta, al final del falso interrogatorio, recogido por el loco con una grabadora oculta, producirá, como él mismo dice, el escándalo y la catarsis.

A través del nuevo loco, un enfermo histriónico cuya enfermedad se centra en representar a otros muchos personajes, a partir de la segunda escena del acto I, se opera la *mise en abyme* del teatro dentro del teatro, sobre la que descansa todo el espectáculo (Fo, 2018b: 16, 20, 22, 23, 30, 31, 43, 44, 61, 69). El loco, ya en la primera parte de la primera escena de este primer acto, confiesa al comisario Bertozzo que «el juez es el oficio, el personaje que quién sabe lo que yo pagaría por poder representarlo al menos una vez en mi vida» (Fo, 2018b: 30). Después de ser puesto en libertad, tras saber por teléfono que el magistrado del Supremo va a ir a la misma comisaría para interrogar a los comisarios que estuvieron con el anarquista la noche de su muerte, decide hacer de juez, después de haber sustraído los expedientes policiales, dedicados al interrogatorio y muerte de la víctima.

Desde este momento, el caos más anárquico y tronchante se instala en la comisaria y en el teatro, el loco cambiará de disfraz, según sea necesario, dará la vuelta con su *performance* a la situación policial-escénica; los comisarios y los agentes de policía ahora serán los interrogados por él. Después de juez, el loco, decidirá representar a un alto cargo de la policía científica y también a un obispo, con la finalidad de poner en evidencia las contradicciones y falsedades de la versión oficial de los hechos y esclarecer lo ocurrido realmente. Fo ataca así a todas las instituciones y los poderes del Estado, ya que con anterioridad se había burlado de los psiquiatras y de los profesores universitarios.

Debemos recordar además que el disfraz del loco, travestido de capitán de la policía científica, es uno de los elementos cómico-grotescos más importantes de la farsa (Fo, 2018b: 80-83). El loco-capitán se disfraza con una falsa mano, con una pierna de madera y con un ojo de cristal. En varios momentos del acto II, todos los elementos de su disfraz van a convertirse en el centro de la escena al caer por el suelo. La mano, al dársela al policía; la pierna se la quitará él solo; el ojo rueda también por los suelos, de manera que la fuerza histriónica del personaje y lo grotesco de su situación alcanzarán aquí, en esta payasada histriónica, su culmen, contribuyendo poderosamente a la ridiculización satírica de los altos cargos estatales, vistos por los espectadores como marionetas grotescas y ridículas.

Toda la carga jocosa de las intervenciones del loco, aparte de su transformismo metateatral, reside además en su capacidad para invertir la situación jerárquica. De manera que él será quien lleve adelante el interrogatorio *sui generis* contra los comisarios de policía y contra el agente. Para ello se servirá de la técnica policial de preguntas y respuestas, sumamente inteligente, casi jesuítica, en la que el personaje dará continuamente una de cal y otra de arena en relación con el aparente apoyo que ofrece a la policía. Se demuestra así con claridad la acusación con respecto a la defenestración del anarquista (Fo, 2018b: 52, 53, 54, 56).

Gracias a esta *altercatio* entre el falso juez, en realidad un loco-payaso, y las altas instituciones del Estado, representadas en las autoridades de los jueces y de los policías, la hilaridad está garantizada. Los *gags* cómicos y el humor surrealista del que hace gala el personaje del loco son muy del estilo de Groucho Marx[16]. Todo ello contribuye a colocar al loco, juglar y Arlequín, en el centro de la escena. De nuevo Fo es el loco-Arlequín, el encargado de sembrar el caos, de darle la vuelta a la situación, de llegar hasta la verdad, ridiculizando al poder y haciendo reír al público. Está asegurada así la fiesta contestataria, típica de toda manifestación carnavalesca y, por supuesto, el pacto ideológico entre personaje mediador, actor, autor y público (Puppa,1978: 67-69). De hecho, todo el montaje escénico está llamado a la liberación de la fuerte tensión emocional presente en la sala, con la finalidad de reconfortar al público e inducirlo, a pesar de todo lo ocurrido en el caso Pinelli, a confiar en la posibilidad de otra forma de hacer justicia.

La implicación con el auditorio llega a su *acme* al final de la segunda escena del acto I, con la ejecución de la canción anarquista de *Nuestra patria es el mundo entero y nuestra tierra la libertad*[17] (Fo, 2018b: 66). Bien entrado el acto II, una vez que ya ha hecho acto de presencia la periodista, con la afirma-

---

[16] Esta se encuentra presente sobre todo en las páginas 27 y 37 de la edición citada. En el primer caso se repite la técnica del contrato de *Una noche en la Ópera*, cuando Groucho Marx rompe sus diferentes cláusulas con el empresario.

[17] *Nostra patria è il mondo intero, nostra terra è la libertà* es una canción escrita por el italiano Pietro Gori en 1895. Desde el punto de vista del contenido político recuerda la experiencia de exilio del propio autor. Está relacionada con su otra famosísima canción *Addio Lugano bella* (*Adiós Lugano hermosa*).

ción por parte del comisario y del juez de que entre el público se encuentran espías y desde el patio de butacas se escuchan voces, el loco canta en voz alta *El cuervo vuela alto*[18], una canción claramente pacifista (Fo, 2018b: 101)

La crítica del autor al periodismo se hace también patente en la obra mediante la figura de la periodista. Se critica así un periodismo oficial que solo busca la noticia fácil, sin importarle demasiado la veracidad de la fuente ni el medio de proveniencia (Fo, 2018b: 110-117).

Como ya se ha dicho, la comedia termina con el descubrimiento de la identidad real del loco por parte del comisario Bertozzo, tras unos pasajes tronchantes en los que este y la policía apoyan al personaje en contra de su colega. Es el momento en que se rompe además el retrato del presidente de la República, que se encuentra en el despacho del comisario, antes de que la periodista vuelva a insistir en la importancia del escándalo como forma de mantenimiento del poder por parte de las instituciones (Fo, 2018b: 118).

El hecho de que el comisario deportivo rompa el retrato presidencial sobre la cabeza de Bertozzo, a quien en ese momento considera un 'enemigo' (112), no solo provoca la carcajada en el público por su complicidad con el loco y por la ignorancia de sus colegas, si no que refuerza visualmente la ridiculización de la máxima autoridad del Estado, el presidente de la República, Giuseppe Sagarat, en aquel momento. La apelación indirecta al Presidente redobla la complicidad de todo los altos cargos estatales en el escándalo que se representa en escena. Un aparente truco circense, propio de payasos, recrudece indudablemente la carga satírica y grotesca de la obra.

La identidad del loco será descubierta al término de la pieza, como no podía ser de otra manera, y tras advertir este que ha grabado toda las conversaciones y tiene intención de difundirlas, pronuncia la frase que resume toda la voluntad de denuncia política del espectáculo: « […] lo importante es que estalle el escándalo […]». Y también que la ciudadanía pueda exclamar finalmente «¡estamos de mierda hasta el cuello, es verdad y justamente por eso llevamos la cabeza muy alta!» (Fo, 2018b: 118), dicho popular que alude a la miseria ética por la que atravesaba Italia, pero que reflejaba al mismo tiempo el orgullo del sector empresarial ante su desarrollo económico.

El punto final de *Muerte accidental de un anarquista* lo pone la defenestración del loco, chivo expiatorio, como Giuseppe Pinelli, de la farsa que ha

---

[18] La letra de la canción es cercana a la que fue escrita por Italo Calvino para la música de Sergio Liberavici, en 1958.

representado ante los policías para denunciar las tramas negras del poder. De esta manera, el orden parece volver a reinar en la comisaria, aunque un nuevo interrogatorio vuelve a amenazar a los comisarios, ya que se supone que el verdadero juez, Antonio Filippo Marco Maria Garassinti, interpretado de nuevo por Dario Fo, hace aparición en el escenario.

Porque:

> [...] la carcajada permanece de verdad en el fondo del espíritu como un sedimento feroz del que no podemos desprendernos. [...] Ahora, que este espectáculo contenga todo el juego de lo grotesco está hecho a posta. Nosotros no queremos liberar de la indignación a la gente que viene. Nosotros queremos que la rabia esté dentro, que se quede dentro y no se libere y que se convierta en operante lucidez en el momento que nos encontramos y así conducirla a la lucha (Fo, 2018b: 122)[19].

En consecuencia, con esta farsa grotesca el autor pretende que la risa movilice a los espectadores en busca de soluciones justas conforme al verdadero derecho y en relación con la defensa de las víctimas.

Bibliografía

Bibliografía primaria

Fo, D. (1974): *Mistero Buffo. Giullarata popolare*, Verona, Bertani Editore.

Fo, D. (1978): *Misterio Buffo. Juglaría popular,* Madrid, Siruela.

Fo, D. (2007): *Il mondo secondo Fo. Conversazione con Giuseppina Manin*, Milán, Guanda.

Fo, D. (2009): *Manual minimo dell'attore*, Turín, Einaudi.

Fo, D. - Manin, G. (2016): *Dario ed io*, Milán, Guanda.

Dario Fo, D. (2018a): *Mistero Buffo*, F. Rame (ed.). *Nuova edizione integrale* con un *prologo inedito dell'autore*, Milán, Guanda.

Fo, D. (2018b): *Morte accidentale di un anarchico. Due atti*, F. Rame (ed.), Milán, Guanda.

Bibliografía secundaria

Barrena Valbuena, A. (1998): «La evolución teatral e ideológica de Dario Fo», *Cuadernos de Filología Italiana*, 5, pp. 249-263.

Bisicchia, A. (2003): *Invito alla lettura di Dario Fo*, Milán, Mursia.

---

[19] La traducción es mía.

Brusegan, R. (ed.), (2013): *La scienza del teatro. Ommaggio a Dario Fo e Franca Rame. Premessa di Dario Fo*, Roma, Bulzoni.

Concetta D'Angeli, C. - Soriani, S. (2006): *Coppia d'arte - Dario Fo e Franca Rame*, Pisa, Edizioni Plus.

De Pasquale, E. (1999): *Il segreto del giullare. La dimensione testuale del teatro di Dario Fo*, Roma, Liguori.

Farrell, J. 2013: *Franca Rame, Non è tempo di nostalgia*, Pisa-Cagliari, Della Porta Editori.

Farrell, J. (2020): «Fo politico: guerriero fuori regola», en L. D'Onaglia y E. Marinai (eds.), *Ripensare Dario Fo. Teatro, lingua, poltica*, Pisa, Mimesis, pp. 65-78.

Holm, B. (2018): *Quasi per caso anarchico. Dario Fo fra Arlecchino e avanguardia*, //ilcastellodielsinore.it >PDF. Bent Holm. DOI: https://doi.org/10.13135/2036-5624/33. Pubblicato dicembre 15 [consultado 15, junio, 2023].

Marinai, E. (2020): *Jesters, Tricksters, Imagines Agentes. Mitologemi e «personaggi mediatori» nella retorica di Dario Fo*, en L. D'Onaglia y E. Marinai (eds.), *op. cit*, pp. 101-114.

Pizza, M. (1996): *Il gesto, la parola, l'azione*, Roma, Bulzoni.

Puppa, P. (1978): *Il teatro di Dario Fo*, Venecia, Marsilio.

Tavecchio Blake, B. (2016): *Dario Fo. Teatro di attivazione e comunicazione 1950-1973*, Pisa, Mimesis.

Tibaldi, F. (2016): *Alla ricerca di un teatro utile. L'impegno sociale e l'attorialità di Dario Fo e Franca Rame*, Università degli Studi di Roma, «Tor Vergata», Area di Lettere e Filosofia. Corso di Laurea in Lettere. Tesi in Storia del teatro e dello spettacolo, http://www.archivio.francarame.it > TESI > TESTI, [consultado el 12 de diciembre 2022].

Valentini, Ch. (1997): *La storia di Dario Fo*, Milán, Feltrinelli.

Índice